Nostradamus

Redaktion: Ina Friedrich
Mitarbeit: Leoni Rams

Printed in the EU.
ISBN 3-85049-529-9

Inhalt

Nostradamus - ein Prophet, der die Welt in Atem hält 9
Prophezeiungen - oder alles nur ausgedacht? 10
Will er uns nur Angst machen? 11
Was hat man von Nostradamus zu halten? 12
Das bewegte Leben des Michel de Notredame 13
Eine Kindheit, die Großes verheißt 13
Vorausschauender Kämpfer gegen die Pest 14
Ein rastloser Wanderer 15
Eine neue Zukunft als Schriftsteller 16
Große Ehre am Königshof und ein Ende in Frieden 17
Das prophetische Werk 18
Die Kunst des Weissagens 20
Ein Seher mit Vorbildern 22
Die wichtige Rolle der Astrologie 23
Wozu überhaupt in die Zukunft sehen? 24
Ein Blick in die Geschichte: Seher, Weise und Schamanen . . .25
Zugänge zu seinen Versen 27
Der Verschlüsselungscode Nostradamus´ 30
Die lateinischen Verse in seinen Vorworten 32
Die Sprache des Nostradamus 36
Die Briefe des Nostradamus 38
Der Brief an seinen Sohn César .39
A propos Prophezeiungen... 40
Noch ein paar Begründungen 42
Standortbestimmung eines Propheten 44
Prophetie - Ein Spiel mit dem Feuer 45
Absage an die schwarze Magie 47
Propheten sind auch nur Menschen 49
Düsterer Blick in die Zukunft 51
Es ist Euch geweissagt worden... 54
Der Brief an König Heinrich 56
Ein Geleitwort an die Zweifler 58
Die erste Berechnung des Weltalters 60

Die Dekadenz der Macht und die Kriege des
20. Jahrhunderts 63
Der Antichrist und der Retter .66
Die Dekadenz der Kirche und ihre Erneuerung 68
Der Zustand der Anarchie und die „große Seuche“ 70
Die große Schlacht im Mittelmeerraum 73
Ein Rückblick in die Geschichte und die zweite
Berechnung des Weltalters 75
Das Jahr 1606 77
Und noch mehr Prophezeiungen 81
Prophezeiungen, die Geschichte wurden... 85
Der Herzog von Alba erhebt sich gegen
Papst Paul IV. Daraufhin entbrennt ein
Krieg zwischen dem Herzog von Alba und
dem Herzog von Guise (1557) 85
Der Tod des Antoine de Bourbon,
König von Navarra (1562) 87
Don Juan von Österreich vor Lepanto (1571)
und sein Kampf gegen die Aufständischen
in den Niederlanden 89
Der Streit zwischen Heinrich III. und
dem Herzog von Alençon (1574/75) 90
Die Verfolgung der Astronomen:
Bruno und Galilei (17. Jh) 91
Die Hinrichtung des englischen König Charles 1649
und die Besetzung Belgiens durch Frankreich (1658-1714) . .93
Krieg gegen die Türkei und Wiedererlangung
Ungarns durch die Christen (1682-99) 94
Die englische Kolonialherrschaft und
der Machtkampf mit Portugal .96
Die Regierungszeit Ludwigs XV. (1715) 97
Das Zeitalter der Aufklärung (18. Jahrhundert) 99
Die Revolution von 1789 und
die Exekutierung des Königspaars 101
Der finanzielle Ruin Frankreichs
und die Ausgabe von Papiergeld (1789-1796) 102

Die erste Republik (1792-1799) 104
Die Flucht des Königspaares,
seine Hinrichtung und der Kriegsausbruch 106
Die Eisenschrank-Affäre und der Prozess Ludwigs XVI. . . .108
Die Enthauptung des Königs und die darauf folgende
Schreckensherrschaft 109
Die Geburt des Kaisers Napoleon 110
Noch einmal: Napoleon 112
Der Feldzug Napoleons nach Italien (1797) 114
Napoleon zieht nach Ägypten (1798) 116
Der „edle König von Sardinien“ (1798-1802) 118
Napoleons Machtantritt und
das Ende der Repulik (9.11.1799) 120
Die Schlacht bei Jena und Auerstedt (1805) 121
Die Kriege Napoleons und seine zweite Heirat 123
Die Besetzung des Kirchenstaates
und die Niederlage in Russland 124
Die Verbannung Napoleons auf St. Helena 125
Die Rückkehr der Monarchie unter Ludwig XVIII. 127
Die Entdeckung des Planeten Neptun 1846 128
Das Ende der Bourbonen-Dynastie:
Der Bürgerkönig Louis-Philippe 129
Der Tod des Prinzen von Condé 131
Der Anschlag gegen Napoleon III (1856) 132
Der deutsch-französische Krieg von 1870 134
Die Friedenszeit und der Ausblick
auf den Ersten Weltkrieg 136
Der Erste Weltkrieg 137
Die Inflation als Folge des Krieges 139
Die Revolution des Proletariats 140
Die Oktoberrevolution von 1917 142
Die Unterdrückung der Kirche durch die Bolschewisten . .144
Francos Aufstieg an die Macht in Spanien 145
Die nationalsozialistischen Geheimbünde 147
Der Tod Pius´XI. und die Amtszeit des Papstes Pius XII. . . .148
Das „Dritte Reich“ und der Genozid an den Juden 150

Die Exilregierung General de Gaulles
und die Landung der Alliierten Truppen 1944 152
Noch einmal deutlicher:
Die Landung der Alliierten (6.6.1944) 154
Hitler und sein Regime 155
Die Nürnberger Prozesse
und der Beginn des Ost-West-Konflikts 158
Die Besiedlung des Staates Israel durch die Juden 159
Die UNO und die Weltkonferenzen 161
Der Staatsstreich Ayatollah Khomeinis 162
Der Konflikt um Zypern 164
Der Krieg in Jugoslawien 165
Die siebenundfünfzigjährige Friedenszeit 166
Der Tod Johannes Paul I. 168

... und was noch auf uns zukommen wird 170

Die Politikverdrossenheit und die große Enttäuschung
durch die leeren Reden 170
Das Schlüsseljahr 1999 und der „König des Schreckens“ . .171
Die Korruption der Politiker und die Dekadenz der Macht 173
Die Verfolgung der Kurden in der Türkei 174
Die Tourismus-Industrie und der Hinweis
auf den Erneuerer der Kirche 175
Die Entwicklung des Papsttums 177
Die Ermordung des Monarchen 177
Die Warnung des Papstes vor seiner Ermordung in Lyon .178
Der Tod des Papstes nach seiner Gefangennahme 179
Ein Prälat flieht aus Frankreich, das Bündnis
zwischen Zypern und Tunis 180
Erneutes Schisma: Kampf zwischen den Weißen
und den Roten 181
Der Papst gerät in Bedrängnis 182
Der große Stern und die Flucht des Papstes 183
Der Einfall der „Adler“ in Rom und die Flucht des Papstes 184

Der vorletzte Prophet und sein Beitrag zur Befreiung der Menschheit 185
Das Ende Roms und das Ende des Vatikans 186
UMWELTZERSTÖRUNG UND NATURKATASTROPHEN 188
DAS GROßE ERDBEBEN IN NORDSPANIEN 188
Erdbeben und Feuer in Südfrankreich 189
Die große Dürre im Süden 190
Hitze und Dürre in Griechenland 191
Trockenheit in Italien und Invasion von Jugoslavien 192
Heuschrecken und Bremsen in Italien 193
Wechsel zwischen Dürre- und Überschwemmungsperiode . 194
Überschwemmung Großbritanniens und Krieg in Italien . . 195
Die Flüsse treten über die Ufer, Chaos und Plünderung der Städte 196
Der Rhein ändert seinen Lauf 197
Die zweite „Sintflut“ 198
KRIEGE UND FRIEDEN 199
Militärischer Konflikt zwischen Griechenland und der Türkei 199
Die Vereinigung der Roten und der Weißen gegen den babylonischen König 200
Krieg in Italien und die Entführung der Dame 201
Die Belagerung der Stadt am Meer 202
Der Zug der Nordafrikanischen Föderation gegen Italien .203
Der Krieg an der italienischen Riviera 204
Die Ausbreitung des Konflikts nach Norden 205
Die Niedermetzelung des Oberhauptes in Genf 206
Der Verrat an der Stadt Genf 207
Einfall von Britannien aus in Aquitanien 208
Frankreich wird von 5 Seiten angegriffen 209
Paris wird unbewohnbar 210
Zerstörung von Tharsus durch die französische Armee . . . 211
Der Eroberer aus Blois 212
Die Seeschlacht und der Sieg „Neptuns“ 213
Die Niederlage Mesopotamiens in Südfrankreich 214
Bürgerkrieg in Südfrankreich 215

Krieg und Massaker in der Bourgogne 216
Die Zwillingsherrschaft und der Krieg 217
Der König verlässt sein Land 218
Die arktische Union
und die Schreckensherrschaft im Osten 219
Die Götter erscheinen den Menschen 220
Die Zerstörung der heiligen Stätten 221
Die Diktatur und die Gefangennahme von 300.000 222
Neuordnung der Welt, Marseille wird eingenommen 223
Die lange Friedenszeit 224
ANDERE WICHTIGE EREIGNISSE 225
Wichtige Erfindungen 225
Die Auflösung der großen Vereinigung 226
Die Prophezeiungen werden verstanden werden 227
Die Vergiftung des Feindes und die Anarchie 228
Das Prestige der arabischen Kultur in Frankreich 229
Die Verfeindung der Prinzen
und Zerstörungen in Italien 230
Die Verschwörung der 14 231
Die Entführung des Roten 232
Der mächtige König in Spanien .233
Die große Hungersnot 234
Vorzeichen der Hungersnot oder einer Inflation 235
Die Entführung eines Schotten und sechs Deutschen
nach Persien 236
Das „Reich" wird in die Alpen verlegt 237
Neue Kulte und neue Prophezeiungen 238
Die Erneuerung des Lebens, der Sieg über den Tod 239

Nostradamus - ein Prophet, der die Welt in Atem hält

Nostradamus und seine Prophezeiungen haben über Jahrhunderte hinweg die Menschheit fasziniert, heute noch genauso wie damals. Jedes Jahr erscheinen neue Bücher über ihn, immer neue Interpretationen seines Werkes, immer neue Lesarten und Deutungen kommen in Umlauf, die für sich beanspruchen, diesmal aber nun wirklich dem „Stein der Weisen" auf die Spur gekommen zu sein.

Bei diesem reichhaltigen Angebot an Informationen und verschiedenen Zugängen mag man sich heutzutage als kritischer Leser die Frage stellen: Was soll man jetzt nun eigentlich von diesem Nostradamus halten? Warum hat er seine Nachwelt mit seinen düsteren Prognosen so in Angst und Schrecken versetzt? Und wie schafft es dieser Mensch, der ja nun schon mehr als 430 Jahre tot ist, auf uns immer noch eine solche Faszination auszuüben?

Die letzte Frage kann wohl leicht beantwortet werden, denn schließlich sind wir Menschen von Natur aus neugierig und möchten wissen, was wir von der Zukunft zu erwarten haben. Auch in unseren modernen Zeiten, wo wir meinen, dass kein Aberglaube mehr unserem kritischen Verstand standhält und wir es gewohnt sind, uns erst alles wissenschaftlich beweisen zu lassen, bevor wir an etwas glauben, auch und gerade heute greifen wir auf Nostradamus zurück.

Es ist sehr wahrscheinlich gerade die mystische und rätselhafte Machart seiner Verse, die uns ein geheimes Wissen erahnen lassen - spannender und seltsamer als nüchterne Wirtschaftsprognosen und Statistiken, die uns in heutiger Zeit einen wissenschaftlich fundierten „Blick in die Zukunft" erlauben.

Prophezeiungen - oder alles nur ausgedacht?

Seine Aussagen sind heute so aktuell wie nie. Es ist in der Tat verblüffend, wie genau manche seiner Voraussagen eingetroffen sind. Aber es gibt viele Leute, die gerade deswegen daran zweifeln, dass es so etwas wie Prophezeiungen überhaupt gibt. „Kunststück!“, sagen sie, „Nichts ist einfacher, als eine Prophezeiung zu erfüllen, wenn man es darauf anlegt. Notfalls hilft man halt ein bisschen nach.“

Diese Einwände müssen in der Tat ernst genommen werden. Denn je genauer man die Zukunftsvoraussagen kennt und je fester man an sie glaubt, desto eher werden sie auch eintreffen - altes Prophetengesetz! Nicht zuletzt deshalb haben auch Könige, Herrscher und Diktatoren die Voraussagen des Nostradamus immer wieder dazu benutzt, ihre eigenen Herrschaftsansprüche zu rechtfertigen. So konnte sich zum Beispiel auch Napoleon darauf berufen, sein Aufstieg zum Kaiser sei doch der Wille Gottes gewesen, schließlich habe es Nostradamus ja prophezeit.

Nur zu leicht bieten sich solche Voraussagen dazu an, mit ihnen etwas beweisen zu wollen, was man dann auch „beweisen“ kann, zumal viele Sprüche sehr allgemein gehalten sind. Aber bei näherem Hinsehen kann man solchen Fehldeutungen einfach auf die Spur kommen. Dies erfordert allerdings einiges Geschick und viel Erfahrung mit der französischen Sprache des 16. Jahrhunderts, denn Nostradamus hat seine Voraussagen in verschlüsselten Versgedichten geschrieben, die voller Symbole stecken. Deshalb ist ihr ursprünglicher Sinn für uns heutige Leser schwer nachvollziehbar.

Generationen von Nostradamus-Interpreten streiten auch heute noch um die „wahre“ Bedeutung der Sprüche. Es hat sich jedoch immer wieder herausgestellt, dass erst nach dem Eintreffen eines bestimmten Ereignisses gesagt werden kann, ob sich eine Prophezeiung bewahrheitet hat oder nicht. Und genau das steht dem Argument entgegen, Prophezeiungen würden sich immer nur selbst bewahrheiten. Prophezeiungen sind verschlüsselt und stellen sich meistens hinterher als etwas ganz anderes heraus, als man es sich vorher erträumt hat. Gerade bei Nostradamus stellen sich oftmals die Bilder, die er benutzt, im Nachhinein in einem ganz anderen Zusammenhang dar und erklären ganz andere Dinge, als man vorher gedacht hat.

Will er uns nur Angst machen?

Wenn wir fragen, warum Nostradamus seine Nachwelt so in Angst und Schrecken versetzt hat, so unterstellen wir ihm damit ja indirekt, dass er uns in Angst und Schrecken versetzen wollte. Dies ist aber bestimmt nicht seine Absicht gewesen. Nostradamus war ein sehr frommer, fürsorglicher Mensch, schließlich begann er seine Laufbahn als Arzt, der alles versuchte, die ihm anvertrauten Patienten zu retten, wie es ihm irgendwie möglich war. Er wird beschrieben als ein sehr ruhiger Mensch von mittlerer Statur mit sanft blickenden, grauen Augen, der stets gut gelaunt war und eine gute Portion Humor besaß: Ein Menschenfreund, der uns bestimmt nicht ohne Grund Furcht einjagen, der uns aber auch das Fürchterliche, das er kommen sah, nicht ersparen wollte.

Wenn man seine Verse im Original liest, stellt man fest, dass sie sehr reich an Bildern sind. Diese Bilder beschreiben vor allen Dingen zukünftige Kriege und Katastrophen, und immer wieder ist vom Antichristen die Rede. Nostradamus erzählt all die Ereignisse aber sehr nüchtern, er beschreibt sie einfach, ohne große Kommentare. Er führt uns die Bilder in der Reihenfolge vor, wie sie ihm erschienen sind. Aber letztendlich sind es Bildfetzen; und es ist alles von der Interpretation der Verse abhängig, wie man diese Bildfetzen mit unserem heutigen Wissen deutet.

Im Gegensatz zu dem großen Weissager selber haben viele Übersetzer und Deuter seines Werks seine Verse benutzt, um Angst und Schrecken unter die Bevölkerung zu bringen! So waren sich in der Zeit des Kalten Krieges viele Nostradamus-Forscher darin einig, dass 1987 der dritte Weltkrieg ausbrechen sollte, da Nostradamus für das Ende des 20. Jahrhunderts eine „Zeit des Schreckens" vorhergesagt hat, außerdem sieht er eine Invasion Europas für diese Zeit, die von Horden aus dem Osten angeführt wird, die „asiatisch, muslimisch und rot" sind.

Es lag damals natürlich nahe, die „roten Horden" als die Rote Armee bzw. allgemein die Streitkräfte der Warschauer-Pakt-Staaten zu identifizieren. Nach dem Zusammenbruch des Sozialismus, und vor allen Dingen nachdem bereits 12 Jahre nach dem nicht eingetretenen Dritten Weltkrieg vergangen sind, ist uns heutzutage klar, dass es sich hierbei wohl um eine etwas vorschnelle Deutung gehandelt haben muss.

Offenbar waren hier wieder einmal Leute am Werk, die die Prophezeiungen benutzten, um ihre eigenen Ängste bestätigt zu sehen. Im Verlaufe dieses Büchleins werden wir sehen, dass viele der Voraussagen sogar an Schrecken verlieren, wenn man sie wörtlich nimmt, und dass sie uns sogar Mut machen können, den kommenden Dingen gelassener entgegenzusehen.

Was hat man von Nostradamus zu halten?

Der Frage danach, was man von Nostradamus zu halten hat, mag jeder Leser und jede Leserin, die dieses Buch zur Hand genommen haben, am Ende der Lektüre für sich selbst entscheiden. Um ein umfassendes Bild von der Persönlichkeit des Nostradamus zeichnen zu können, wollen wir uns bemühen, seine Lebensgeschichte möglichst anschaulich darzustellen. Denn wenn wir uns vor Augen führen, in welcher Zeit dieser ungewöhnliche Mensch gelebt hat, werden uns viele seiner rätselhaften Aussagen klarer.

Das bewegte Leben des Michel de Notredame

Wir schreiben den 14. Dezember 1503. Michel de Notredame wird in eine sehr bewegte Zeit hineingeboren, eine Zeit voller Umwälzungen und Veränderungen. Die katholische Kirche und ihre Moralvorstellungen beherrschen das tägliche Leben, vom ersten Angelusläuten bis zum Nachtgebet. Die Erde ist, so sagen die Geistlichen, eine Scheibe, und die Sonne dreht sich um die Erde, den Mittelpunkt des Sonnensystems. Die Inquisition mit ihren Hexenverfolgungen und ihren Bücherverbrennungen ist auf dem Höhepunkt.

Und trotzdem geraten die Weltbilder allmählich ins Wanken: Nur elf Jahre zuvor ist Kolumbus in Amerika gelandet und hat eine Welle von Kolonisierungen ausgelöst. Der Buchdruck beginnt, sich als einträgliches Geschäft zu erweisen, und die ersten Zeitungen erscheinen. Schriftsteller wie Erasmus von Rotterdam (1467-1536) und Thomas Morus (1478-1535) geben mit ihren Schriften das Startsignal zur Renaissance und leiten die Ära des Humanismus ein. Nur wenige Jahre später, Nostradamus ist gerade 14 Jahre alt, erschüttert Luther in Wittenberg die Grundfeste der katholischen Kirche, indem er seine 95 Thesen an die dortige Schlosskirche nagelt. 1529 stehen die Türken vor Wien.

Eine Kindheit, die Großes verheißt

Das sind bedrohliche Aussichten für die römisch-katholische Glaubensgemeinschaft, zu der Jacques Nostradamus, der Vater der Familie, noch nicht lange zuvor vom jüdischen Glauben übergetreten ist. Dieser Umstand ist wohl auch für den ungewöhnlichen Nachnamen verantwortlich, den die Familie angenommen hat: Offenbar war „Notredame“ einfach der Name der Pfarrkirche, in der „Nostradamus“ (so ist die lateinische Version dieses Namens) getauft worden war.

Michel ist also das erste von insgesamt 17 Kindern des Notars Jacques de Notredame und seiner Frau Renée de Saint-Rémy. Ihr Vater, Jean de Saint-Rémy, war Leibarzt des Herzogs von Kalabrien. Dieser Großvater unseres kleinen Sehers sollte einen großen Einfluss auf seine Erziehung ausüben. Im Alter von 16 Jahren entscheidet er sich nämlich für die Aufnahme eines Medizinstudiums erst in Avignon und dann in Montpellier. Vieles deutet darauf hin, dass er sich schon in diesen frühen Jahren mit Astronomie und Astrologie beschäftigt. Außerdem ist er sich Zeit seines Lebens seiner Herkunft bewusst gewesen, denn als Abkömmling des jüdischen Stamms Isaschar steht er mehr oder weniger in der direkten Nachfolge mehrerer großer, alttestamentarischer Propheten. Isaias, Jeremias und Malachias finden sich in seiner Ahnenreihe. In seiner frühen Kindheit finden sich also schon Anzeichen für seine prophetische Begabung.

Vorausschauender Kämpfer gegen die Pest

Er wendet sich jedoch erst einmal einem ordentlichen Beruf zu und lernt fleißig seine Medizin in Avignon und Montpellier. 1525 muss er sein Studium unterbrechen, weil in Südfrankreich die Pest ausbricht. Dies gibt ihm zugleich die Möglichkeit, sich seine ersten Lorbeeren als Arzt zu verdienen. Denn er wandte damals schon Mittel an, die für die heutige Zeit selbstverständliche Grundsätze sind, die aber für die damalige Zeit noch sehr ungewöhnlich waren. Damals kannten die Ärzte nämlich nur zwei Allheilmittel gegen alle Krankheiten: den Aderlass und Einläufe, die die Menschen angesichts der schlimmen Krankheit nur noch mehr schwächten. Nostradamus dagegen verordnet einfache, antiseptisch wirkende Mittel für die Kranken und „entdeckt“ damit die ersten Vorläufer der modernen Antibiotika. Vor allem, und das lässt ihn sehr modern erscheinen, ist ihm bewusst, wie wichtig die Hygiene ist, um eine Ansteckungsgefahr zu vermeiden.

Das ist nicht selbstverständlich, da Seuchen im Mittelalter nicht etwa auf mangelnde hygienische Verhältnisse zurückgeführt wurden. Man kannte die verschiedenen Krankheitserreger und ihre Übertragungswege ja noch nicht. In einer Epidemie sah man vielmehr eine Strafe Gottes, die als Vergeltung für begangene Sünden die Menschen heimsuchte. Nostradamus entwickelt ein Desinfektionspuder, das in die Kleider gestreut werden sollte, und er verordnet den Gesunden Spülungen mit bestimmten Kräutern, die desinfizierende Wirkung haben und somit viele Leute vor dem Tod bewahren.

Schnell spricht sich sein Ruhm herum, und 1529 besteht er sein Doktorexamen mit Auszeichnung. Nostradamus lässt sich in Agen nieder, wo er im Hause des Philosophen Julius César Scaglier lebt, heiratet und zwei Kinder bekommt. Das Glück ist allerdings nur von kurzer Dauer, denn eine erneute Pestepidemie rafft seine junge Familie dahin, ohne dass er sie retten kann.

Ein rastloser Wanderer

Auf diesen schweren Schicksalsschlag folgen Wanderjahre, in denen er ganz Frankreich und Italien bereist und in denen er sich an mehreren Orten als Arzt und offenbar auch schon als Wahrsager betätigt. Genaueres über seine Aufenthaltsorte in dieser Zeit sind nicht bekannt, doch gibt es mehrere Hypothesen. Die einen sagen, dass er der geheimnisvolle Sehermönch von Orval gewesen sei, der just in dieser Zeit sich als Wahrsager hervorgetan und damit ganze Pilgerscharen nach Orval angelockt hatte. In einer Nacht- und Nebelaktion verschwand dieser Mönch von der Bildfläche - und Nostradamus tauchte an einem anderen Ort wieder auf. Andere Indizien sprechen dafür, dass er längere Reisen nach Nordafrika unternommen hatte, insbesondere nach Fez, welches in jener Zeit ein Zentrum für judizielle Astrologie gewesen war: eine Kunst, die Nostradamus aus dem Effeff beherrschte. Außerdem ist das Vorhaben des Arztes und Hellsehers bekannt, ein

Buch über Ägypten schreiben zu wollen. Die Tatsache, dass er viele Details aus der ägyptischen Kultur und Geschichte kannte, weist darauf hin, dass er sich dort längere Zeit aufgehalten hat.

Eine neue Zukunft als Schriftsteller

Bei einer weiteren Pestepidemie in Aix-en-Provence (1546-1548) erscheint unser Doktor wieder in der Provence. Verbissen kämpft er 3 Jahre lang als Stadtarzt gegen die Krankheit, und das so gut, dass sogar der König auf ihn aufmerksam wird. Um 1548 heiratet Nostradamus ein zweites Mal; diesmal lässt er sich mit seiner Frau Anne Ponsard Gemelle in Salon-de-Craux nieder. Dieses Haus ist übrigens heute zu einem Museum umgebaut und kann besichtigt werden. Mit ihr wird er 6 Kinder haben. Als er sich nun also einmal häuslich niedergelassen hat, greift er immer öfter zur Feder, und schließlich nimmt die Schriftstellerei mehr Platz in seinem Leben ein als seine Tätigkeit als Arzt. Sie erweist sich außerdem als sehr einträglich: Während er zu Zeiten seines Umzugs nach Salon noch auf die finanzielle Hilfe seines Onkels angewiesen war, sollte er 19 Jahre später als mehrfacher Millionär und einer der reichsten Männer der Provence sterben.

Zunächst schreibt er Ratgeberliteratur, die oftmals Gesundheitstips enthält, aber er veröffentlicht auch Prognosen und Kalender. Ab 1550 gibt er den ersten Almanach heraus, der von da an jährlich erscheinen und ein beliebtes Allerweltshandbuch werden wird. Er enthielt Informationen über das kommende Jahr, gab die günstigsten Zeiten zu Aussaat und Ernte, sagte das Wetter und die Sternenkonstellationen voraus, kurzum: Ein allgemeines Jahreshoroskop, wie wir es in ähnlicher Form auch aus heutigen Zeitschriften um den Jahreswechsel herum regelmäßig finden.

Große Ehre am Königshof und ein Ende in Frieden

8 Jahre später, 1556, wird er von König Heinrich II. und der Königin Katharina de Medici an den königlichen Hof zu Paris gerufen. Im Jahr zuvor waren die ersten dreieinhalb Centurien (=Verssammlungen zu je 100 Vierzeilern) seiner berühmten Prophezeiungen erschienen. Das Königspaar wollte nun seinerseits die Zukunft vorhergesagt bekommen, was für Nostradamus natürlich eine heikle Angelegenheit war, denn er hatte der Königsfamilie nicht nur gute Nachrichten zu überbringen. So sah er zum Beispiel den Tod des Königs während eines Turniers in folgenden Versen voraus:

Le lyon jeune le vieux surmontera,
En champ bellique par singulier duelle:
Dans caige d´or les yeux lui crevera:
Deux classes une, puis mourir, mort cruelle

(I. 35)

Übersetzung:
Der junge Löwe wird den alten besiegen,
Auf dem Kampfplatz in einem Duell, einer gegen einen.
Er wird ihm die Augen zerstechen in seinem Goldhelm
Von Zweien bleibt immer nur einer übrig, dann heißt es sterben, einen grausamen Tod.

3 Jahre später, 1559, bewahrheitet sich diese Verheißung bei einem Turnier, das der König zur Hochzeit seiner beiden Töchter geben lässt. In einem Duell trifft er auf den schottischen Hauptmann Graf de Montgomery, dessen Schild mit einem Löwen geschmückt ist, genau wie sein eigener. Und, wie es so kommen muss, die Lanze des Gegners bricht entzwei, und ein Splitter

dringt durch das Visier des Königs in dessen Auge. Nach zehntägigem Ringen um das Leben des Monarchen erliegt dieser schließlich seinen Verletzungen.

Der Königin weissagt er, dass drei ihrer Söhne König werden würden, und so kommt es dann auch. Der Älteste, Franz, fällt nach nur einem Jahr Regentschaft einem Giftanschlag zum Opfer. Danach kommt der Mittlere, Karl, auf den Thron. Karl der IX. wird nur 24 Jahre alt, bevor sein Bruder Heinrich ihn ablöst.

Von César Nostradamus, dem ältesten Sohn des großen Weissagers, wissen wir, dass sein Vater in seinen letzten Jahren wohl sehr an Rheuma und Gicht gelitten hat. Eine Wassersucht verschlimmert seinen Gesundheitszustand, und am 2. Juli 1566 stirbt Nostradamus an einer Herzattacke, so, wie er es selbst schon vorhergesehen und niedergeschrieben hatte.

Das prophetische Werk

Ab 1555 veröffentlicht Nostradamus sein Hauptwerk, die so genannten „Centuries". „Centuries" kommt vom lat. centum (frz. „cent") und bedeutet „Hundertschaft". Eine Centurie ist also eine Sammlung von hundert Dingen. Es kann auch die Bedeutung „Jahrhundert" haben, und das hat mehrere Nostradamus-Ausleger auf eine falsche Fährte geführt. Sie dachten, eine Centurie bezieht sich jeweils auf ein Jahrhundert. Aber das kommt rein rechnerisch gar nicht hin. Bei Nostradamus handelt es sich viel eher um eine Sammlung von hundert so genannten „Quatrains". Dieses Wort wiederum leitet sich vom französischen „quatre" ab und bedeutet „Einheiten zu je vier". In diesem Falle sind es Gedichte, die jeweils vier Zeilen umfassen und die, jedes für sich genommen, eine prophetische Einheit bilden.

In der ersten Ausgabe seines Werks, die 1555 in Lyon erscheint, befinden sich die ersten dreieinhalb Centurien, die zusammen 353

Verse umfassen. 1557, nur zwei Jahre später, erscheint bereits die vierte Auflage seines Werks, und diese sollte schon sechseinhalb Centurien enthalten (sechs vollständige und die siebte bis zum 42. Vers). Erst 1558 besteht das Werk aus tatsächlich zehn Centurien. Während die siebte unvollendet bleibt, widmet Nostradamus die Centurien VIII, IX und X König Heinrich II. Auch die Ausgabe von 1568, zwei Jahre nach dem Tod des Verfassers veröffentlicht, enthält noch diese originale Grundfassung. Diese Version enthält jedoch bereits den Brief, den Nostradamus an seinen Sohn César geschrieben hat, sowie einen Quatrain am Ende der sechsten Centurie, der in einem lateinischen Kauderwelsch verfasst ist.

In den Ausgaben der folgenden Jahre werden den „Centuries" noch mehrere Verse einverleibt, einiges wird geändert, vor allen Dingen in der siebten Centurie werden noch die fünfzig fehlenden Quatrains ergänzt, in der achten kommen acht weitere dazu. Als eine elfte und zwölfte Centurie werden einige Sechszeiler angehängt, die angeblich aus dem Nachlass stammen. Wenn man aber bedenkt, dass Nostradamus´ Schriften schon zu seinen Lebzeiten einen ungeheuren Erfolg hatten, dann scheint es sehr wahrscheinlich, dass der ein oder andere (Verleger?) ein paar Verse dazugemogelt hat, um den Lesern noch etwas mehr zu bieten als die vorherigen Ausgaben. Also ist hier Vorsicht geboten: Es ist nicht alles Nostradamus, wo sein Name draufsteht!

Als sicher von Nostradamus stammend kann man nur die Verse betrachten, die schon zu seinen Lebzeiten erschienen sind. Denn er nahm seine Prophezeiungen sehr ernst und hätte nicht zugelassen, dass von fremder Hand etwas an ihnen geändert würde. Alles, was also über die originale Grundfassung hinausgeht, muss mit größter Skepsis betrachtet werden, auch wenn die Herausgeber behaupten, die einen oder anderen Verse seien im Nachlass gefunden worden. Wenn Nostradamus diese Verse als entscheidend betrachtet hätte, so hätte er sie in sein Buch schon selbst aufgenommen!

Die Kunst des Weissagens

Estant assis de nuit secret estude,
Seul repousé sus la selle d´aerain,
Flambe exigue sortant de solitude
Fait proférer qui n´est à croire vain.

(I.1.)

La verge en main mise au milieu de Branches,
De l´onde il moulle & le limbe & le pied.
Vapeur & voix fremissent par les manches:
Splendeur divine. Le divin près s´assied.

(I.2.)

Übersetzung:
Nachts bei Studien in seinem Studierzimmer sitzend,
Alleine und ruhig auf seinem bronzenen Sitz
erscheint eine winzige Flamme aus der Einsamkeit
und entlockt ihm Dinge, an die man nicht vergeblich glauben soll.

Die Rute in der Hand, inmitten Branchis,
Von Wasser wird ihm Kleidersaum und Fuß feucht.
Dampf und Stimme beben durch die Ärmel
Göttliches Leuchten. Das Göttliche gesellt sich nah zu mir.

Auf diese Weise beginnt der große Seher sein Werk. Er beschreibt uns hier ziemlich genau, wie seine nächtlichen Seancen vor sich gingen. Er sitzt auf einer metallenen Sitzgelegenheit und scheint sich sehr intensiv auf einen Punkt zu konzentrieren, an dem ihm dann eine kleine Flamme erscheint, die ihm Visionen und Eingebungen gibt. Diese kleine Flamme entspricht dem Heiligen Geist, der zum Pfingsttag auf die gleiche Art und Weise den Jüngern Jesu erschien.

Im zweiten Quatrain beschreibt er eine Variante seiner Vorgehensweise, indem er nämlich in einem Wasserbottich steht und eine Wünschelrute in der Hand hält. Dabei ist es offenbar wichtig, dass sein Kleidersaum und seine Füße vom Wasser benetzt sind. Die Dämpfe, und mit ihnen die Stimmen, steigen zu ihm auf und geben ihm die göttlichen Eingebungen.

Ein Seher mit Vorbildern

Diese Praktiken entsprechen alten Traditionen und wurden schon zu Zeiten des Orakels von Delphi so angewandt. Im antiken Griechenland saß die Seherin Pythia auf einem dreifüßigen, eisernen Schemel und atmete schweflige Dämpfe ein. Diese versetzten sie in einen Trancezustand, in dem sie ihre Visionen erhielt. Auch Nostradamus sollte so seine Visionen erhalten. Im zweiten Quatrain, in der Version mit der Wünschelrute, erwähnt er sogar direkt den Namen „Branchis".

Die Branchiden waren eine Gemeinschaft von Priesterinnen in Milet, die alle Abkömmlinge des Helden Branchus waren. Als Branchus noch im Mutterleib war, träumte seine Mutter, sie habe die Sonne verschluckt und würde sie hinterher zur Welt bringen. Als junger Mann wurde Branchus Geliebter des Apollon, der ihm die Gabe der Prophetie schenkte.

Die Priesterinnen führten die Tradition der Weissagung fort, und sie verfuhren dabei auf die Art und Weise, wie sie Nostradamus beschreibt: Die Priesterin stellte sich in einen Wasserbottich, wobei sie sich an einen eisernen Dreifuß lehnte. Sie beugte sich hinunter, um die Dämpfe einzuatmen, die aus dem Bottich stiegen. Die Wünschelrute begann dann zu hüpfen und auf die Buchstaben zu zeigen, die um den Bottich herum verteilt lagen.

Nostradamus sieht sich in diesen Traditionen, und er schreibt seinem Sohn auch, dass er sich mit Magie beschäftigt hat. Allerdings warnt er seinen Sohn vor diesen Dingen und betont, dass ihm seine Visionen von Gott direkt eingegeben worden sind. Diese Visionen zeigten sich meistens als eine schnelle Aufeinanderfolge von Bildern, sie liefen wie ein Film vor seinem geistigen Auge ab. In der kurzen Zeit, in der dies passiert, ist es natürlich schwierig, die Orte genau zu erkennen oder Hinweise auf die Zeit wahrzunehmen, in der sich die Visionen verwirklichen werden. Um dennoch genauere Angaben zu diesen wichtigen Umständen zu bekommen, kam ihm in dieser Situation sein umfangreiches Wissen über die Astrologie zu Hilfe. Anhand von präzisen Berechnungen konnte er sozusagen wissenschaftlich überprüfen, wann die Visionen Wirklichkeit werden sollten.

Die wichtige Rolle der Astrologie

Unter den mittelalterlichen Wissenschaften stellt die Astrologie eine Grenzwissenschaft dar. Horoskope und ähnliche Wahrsagungen, die das zukünftige Geschick einzelner Personen betrafen, waren streng verboten. Thomas von Aquin, der große Kirchenlehrer des 13. Jahrhunderts, betrachtet sie als Teufelswerk, als Aberglauben. Nichtsdestotrotz erkannte die Kirche an, dass Gott den Menschen über die Stellung der Himmelskörper wichtige Botschaften über den Verlauf der Weltgeschichte mitteilen wollte. Schließlich ist die Bibel voll von Botschaften dieser Art, wenn man nur allein an den berühmten „Stern von Bethlehem" denkt. Außerdem hatten die Kirchenmächtigen selber ein Interesse daran, Einblicke in die Zukunft zu erhalten und über große bevorstehende Ereignisse informiert zu werden wie z.B. Sonnen- und Mondfinsternisse, Katastrophen, Kriege und Seuchen. Deshalb waren bestimmte Formen der Astrologie erlaubt und wurden auch von Mönchen betrieben.

Als drittes Element, damit sich der magische Kreis um die Zahl „3" schließt, trug natürlich auch sein familiäres Erbe dazu bei, Nostradamus zu einem der größten und anerkanntesten Seher zu machen, der uns aus dem Mittelalter überliefert ist.

Wozu überhaupt in die Zukunft sehen?

Mit diese Frage berühren wir einen sehr empfindlichen Punkt in unserem Dasein. Eigentlich könnten wir uns Ja sagen: Wir leben in der Gegenwart, und die hält schon genug Probleme bereit, warum sollten wir uns auch noch mit den Problemen beschäftigen, die in weiter Zukunft liegen? Was hat Nostradamus selbst so an der Prophetie gereizt, dass er nächtelang wachte, um mehr über das zu erfahren, was noch auf die Menschheit zukommen würde, ihn selbst aber längst nicht mehr betraf?

Die Frage berührt uns wahrscheinlich deshalb so, weil wir sterblich sind und dennoch erfahren möchten, dass das Leben weitergeht. Und erst recht in Zeiten, wo wir Menschen Waffen entwickelt haben, die genug Energie haben, die ganze Erde zu zerstören. Wo jeden Tag neue Zeitungsmeldungen uns verheißen, dass die Energieressourcen zuneige gehen, die Klimakatastrophe uns bedroht, und viele andere schreckliche Dinge mehr, macht sich eine fatalistische, apokalyptische Stimmung breit, die uns gerne davon überzeugen möchte, wir seien bald am Ende der Weltgeschichte angelangt.

Es beruhigt uns daher, wenn Nostradamus uns weissagt, dass uns zwar schlimme Kriege erwarten, dass unsere „Spiele“ mit der Atomenergie sich als ein Spiel mit einer Zeitbombe erweisen werden, die auch irgendwann einmal hochgehen und viel Leid verursachen wird: Aber das Leben geht weiter, er sagt uns noch 1799 weitere Erdenjahre voraus, in denen es auch lange Friedenszeiten geben wird. Und das kann uns und nachfolgenden Generationen wieder Mut machen. In dem Vorwort zu seinen „Centuries“, das Nostradamus 1555 seinem Sohn widmet und das uns alle anspricht, nennt Nostradamus alle diese wichtigen Gründe, die ihn dazu veranlasst haben, seine Nächte für uns zu opfern (Es ist bekannt, dass Nostradamus nie länger als 4 Stunden Schlaf pro Nacht hatte).

Er legt uns aber noch eine Angelegenheit ans Herz, denn er sieht auch eine sehr sinnvolle Aufgabe in der Publikation seiner Prophezeiungen. Er sieht seine Prophezeiungen nämlich eher als Skizzen zukünftiger Möglichkeiten, nicht so sehr jedoch als Schicksalsboten unweigerlich eintreffender Ereignisse. Daher möchte er uns ermahnen, unsere Zukunft selbst in die Hand zu nehmen, auch wenn dies paradox erscheinen mag.

Ein Blick in die Geschichte: Seher, Weise und Schamanen

In der gesamten Menschheitsgeschichte hat es Magier gegeben, Weise, die vor wichtigen Handlungen befragt wurden. In Urzeiten schon waren die wichtigsten Anlässe für solche rituellen Handlungen der Beginn der Jagdsaison oder Kriege, aber auch jahreszeitliche Rituale. In jeder Gemeinschaft gab es einen „Medizinmann", einen Weisen oder einen Seher, je nachdem, wie diese Person genannt wurde, der unterschiedliche Mittel zur Verfügung standen, „mit den Göttern in Verbindung zu treten".

Schon allein die Vielfalt der Möglichkeiten, die Seher und Schamanen in allen Ländern der Welt benutzten, ist eine Wissenschaft für sich! Sie reichen vom Knochenwerfen über das Lesen der Eingeweide von Opfertieren bis hin zu den heute noch bekannten Formen des Kartenlegens. Dabei nimmt der Schamane jeweils die Rolle eines „Mediums" zwischen Himmel und Erde ein, er ist Mittler zwischen den Göttern im Himmel und den Menschen auf der Erde. Auch die Art und Weise, den Kontakt mit den überirdischen Mächten aufzunehmen, ähnelt sich in den verschiedenen Kulturen. Alle Elemente, die Nostradamus verwendet, das Wasser, das Feuer, den „Draht" zur Erde und die Luft (Dämpfe!) sind auch in den verschiedenen Religionen der Welt vonnöten, um das Medium in den Trancezustand zu versetzen, in dem es seine Eingebungen erhält.

Die Astrologie ist daher mit Magie oder Prophetie nicht gleichzusetzen, man muss sauber zwischen diesen drei Dingen trennen, so, wie Nostradamus es ja auch tut! Die Astrologie hat in allen Kulturen der Erde(!) immer eine wichtige Rolle gespielt, selbstverständlich auch, um die Zukunft vorherzusagen. Der Unterschied ist aber, dass der Astrologe dies unter Zuhilfenahme aller seiner geistigen Fähigkeiten und unter Beobachtung der Sterne tut. Er ist im Gegensatz zum Schamanen kein Medium!

Auch in der neueren Geschichte, von den Römern bis hin zu den Diktatoren des 20. Jahrhunderts gab es keinen Herrscher, der keine Astrologen an seinem Hofe gehabt hätte, um sich seiner Zukunft zu vergewissern. Hier war die Sorge um den Machterhalt natürlich ausschlaggebend. Aber es zeigt uns, dass die Menschen immer schon ein Bedürfnis hatten, ja, mehr noch, dass dieses Bedürfnis eine menschliche Eigenschaft ist, einen Blick in die Zukunft zu wagen, um eine Hilfe vor wichtigen Entscheidungen zu bekommen.

Nun muss sich jeder Mensch natürlich selbst seine Meinung über diese Thematik bilden. Es mag Leser geben, die der Wahrsagerei und der Astrologie sehr skeptisch gegenüberstehen. Es wäre auch nicht verwunderlich, wenn das der Großteil unter Ihnen wäre, denn in unserer heutigen Gesellschaft haben die moderne Wissenschaft und die Technologie schon selbst fast die Rolle eines „Gottes“ eingenommen: Was man nicht schwarz auf Weiß beweisen und mit physikalischen Instrumenten messen kann, das kann es nach Meinung der Wissenschaftler gar nicht geben.

Auf der anderen Seite aber muss man sich ehrlich eingestehen: Wer hofft nicht darauf, in seinem Horoskop positive Nachrichten zu lesen? Wer ist nicht von der magischen Welt der Zauberer und Wahrsager gleichzeitig fasziniert und abgestoßen? Wir sollten uns ehrlich zugestehen, dass wir ein echtes Interesse an unserer Zukunft haben, denn das genau ist das, was unseren heutigen Politikern fehlt: Ein echtes Interesse an unser aller Zukunft und vorausschauendes Handeln, das über die nächste Wahlperiode hinausgeht.

Mögen wir uns also nicht abstoßen lassen von der Meinung der Halbgötter in den weißen Kitteln, mögen wir unserem eigenen Bedürfnis nach Neugier vertrauen und einen Blick in die Zukunft wagen!

Zugänge zu seinen Versen

Nostradamus´ Verse sind mannigfach übersetzt worden, jedoch meist auf eine sehr fantasievolle Art und Weise. Eine möglichst wörtliche Übersetzung ist aber unbedingt notwendig, wenn man einen Eindruck von dem bekommen möchte, was Nostradamus uns allen hinterlassen wollte. Wir werden für die Leserinnen und Leser, die daran interessiert sind, den Originaltext zitieren, wenn die einzelnen, vierzeiligen Gedichte vorgestellt werden, und ihn ganz wörtlich in deutscher Übersetzung wiedergeben.

Zum Verständnis des Werkes sind einige sehr wichtige Aspekte zu beachten:

1. Nostradamus ist Franzose und von daher besonders an der Zukunft seines eigenen Landes interessiert. Nichtsdestotrotz teilt er uns im Brief an König Heinrich mit, dass seine Voraussagen ebenso die Geschichte Europas, Afrikas und Asiens (was damals so viel wie „die ganze Welt" bedeutete, weil Amerika noch viel zu unbekannt und Australien noch gar nicht entdeckt war) betreffen.

2. Nostradamus ist ein strenggläubiger Katholik, der vor allen Dingen auch um das Schicksal seiner Glaubensgemeinschaft besorgt ist. Viele seiner Quatrains beziehen sich auf die zukünftige Entwicklung der Kirche. Sehr häufig spricht er in seinen Versen z.B. vom Antichristen und von Verderben, das über das Christentum hereinbricht. Das klingt dann oft nach Apokalypse

und Weltkrieg, jedoch muss man hierbei beachten, dass „Verderben über das Christentum“ nicht unbedingt „Verderben über die Christen“ bedeutet. Er spricht dann ja davon, dass die Religion Schaden nimmt, das muss nicht zwangsläufig heißen, dass die Menschen Schaden nehmen. In der Tat hat sich ja auch die allgemeine Einstellung zur Kirche gewandelt. Wenn heutzutage die Kirche und der Papst sogar aus den eigenen Reihen kritisiert werden, dann bedeutet das ja auch, dass die Kirche nicht mehr die gleiche Macht wie früher ausübt. Die Tatsache, dass wir in den westlichen Ländern heutzutage nicht mehr in Staaten leben, die uns unsere Religion vorschreiben, sehen wir ja sogar als etwas sehr positives. Also kann bei vielen Schreckensmeldungen bezüglich des Christentums höchstwahrscheinlich Entwarnung gegeben werden.

3. Nostradamus ist ein Zeitgenosse des 16. Jahrhunderts, und so wie es heute für uns unmöglich ist, uns in seine Zeit und Weltanschauung hineinzuversetzen, so ist es ihm unmöglich gewesen, unsere Zeit zu verstehen. Phänomene unserer Zeit sind ihm in Bildern erschienen, die ihn damals bestimmt sehr erstaunt haben und mit denen er oftmals nichts anzufangen wusste. Ein Anzeichen dieser Verwirrung, die er angesichts von Farbfernsehern, Antennenwäldern und Amphibienfahrzeugen empfunden haben muss, sind die Bilder, mit denen er diese Erscheinungen beschreibt. Wir müssen heutzutage eine gute Portion Fantasie aufbringen, um in seinen Versen unsere Zeit wieder zu erkennen. Beispielsweise:

De nuit soleil penseront avoir veu
Quand le pourceau demy-homme on verra,
Bruict, chant, bataille au ciel battre aperceu
Et bestes brutes à parler lon orra.

(I.64)

Übersetzung:
Des Nachts werden sie glauben, die Sonne gesehen zu haben,
wenn man das Tier erblicken wird, halb Schwein, halb Mensch
Lärm, Singen, Gefechte werden in der Luft ausgetragen
Und ungelenke Biester werden anfangen zu sprechen.

Dieser Vierzeiler ist ein gutes Beispiel dafür, dass uns die Lösung vieler Verse erst im Nachhinein aufgeht. Die dritte Zeile weist uns in die richtige Richtung: Es handelt sich um ein Bild zum Zeitpunkt einer kriegerischen Auseinandersetzung im 20. Jahrhundert. Erst mit elektrischen Lampen ist es möglich, die Nacht taghell zu machen; offenbar handelt es sich um Suchscheinwerfer. Und wenn man sich Soldaten mit Gasmasken vorstellt, die einen kurzen Schlauch vor dem Gesicht baumeln haben, dann scheint die Bezeichnung „halb Schwein, halb Mensch" sehr zutreffend. Ein ungelenkes Biest, das spricht könnte auf einen klobigen Kasten hinweisen, aus dem menschliche Laute zu entnehmen sind: Lautsprecher!

4. Im 16. Jahrhundert herrschte nicht die Meinungsfreiheit, die uns heute per Grundgesetz zugesichert ist. Im Gegenteil, es war sehr gefährlich, Schriften zu veröffentlichen, die der katholischen Kirche schaden konnten. Die Inquisition war damals die größte Zensurbehörde der Welt! Und die Kirche empfand es natürlich als sehr unbequem, wenn jemand voraussagte, dass Kirchenväter Unrecht tun und in der Zukunft andere Ideologien in Europa Fuß fassen und die Kirche zum Teil verdrängen würden!

Der Verschlüsselungscode Nostradamus´

Die schwierigste Aufgabe bei der Entschlüsselung der Nostradamus-Verse stellt die zeitliche Zuordnung dar. Es ist natürlich für uns am interessantesten zu wissen, wann ein bestimmtes Ereignis auf uns zukommen wird. Und da Nostradamus immer wieder betont, er habe alles astronomisch genau berechnet, wissen wir, dass seine Texte eine geheime Information enthalten. Bis heute sind die Verse des Nostradamus aber nicht annähernd entschlüsselt worden. Alle paar Jahre erscheinen neue Veröffentlichungen, die behaupten, sie hätten nun wirklich und wahrhaftig den Code geknackt. In der Tat sagt Nostradamus selbst, in beiden Vorworten, die er zu seinen Vierzeilern schreibt, dass seine Weissagungen verschlüsselt, oder, mit anderen Worten, „verschleiert" sind. Und er weiß auch, dass es noch lange dauern wird, bis sein Code vollständig entdeckt sein wird.

Aber deswegen trägt jede neue Veröffentlichung dazu bei, die Rätsel Schritt für Schritt zu lösen. Jeder neue Zugang zu seinem Verständnis muss ernst genommen werden, und so wird sich das Bild der Zukunft wie ein Puzzle nach und nach zusammenfügen.

Der Weise aus der Provence gibt uns einen wichtigen Hinweis im letzten Quatrain der sechsten Centurie. Dies ist nämlich die einzige Strophe, die in Latein verfasst ist.

> Qui legent hosce versus, mature censunto!
> Profanum vulgus et inscium ne attrectato,
> Omnesque Astrologi, barbari, blenni procul sunto!
> Qui aliter facit, is rite sacer esto!
>
> (VI,100)

Übersetzung:
Diejenigen, die diese Verse lesen, mögen sie reiflich überdenken!
Der Pöbel der Weltlichen und der Unwissenden möge nicht von ihnen angezogen werden,
Und alle Astrologen. Barbaren und Dummköpfe mögen sich von ihnen fernhalten!
Wer anders verfährt, der soll verflucht sein!

Damit wendet er sich ausdrücklich an solche, die der lateinischen Sprache mächtig sind, und die lateinische Sprache, insbesondere die mittellateinische Kirchensprache, muss einen der Schlüssel zur Lösung des Geheimnisses enthalten. Wir dürfen nicht vergessen, dass Nostradamus ein sehr gebildeter Mann war. Als Arzt und Forscher ist das Mittellateinische seine Studiersprache gewesen, alle wissenschaftlichen Bücher wurden damals auf Latein veröffentlicht!

Ausdrücklich sagt er uns auch, dass die Astrologie keinen Schlüssel darstellt. Dies ist verständlich, da er die Astrologie als seinen „Draht zu Gott" ansieht, und er weiß, wie viele selbst ernannte Astrologen es gibt und gab, die nicht in seinem Sinne arbeiteten. Das Wort „Barbaren" kann auch ein Hinweis auf die Sprache sein, denn in seiner ursprünglichen Bedeutung bedeutet das griechische „bárbaros" so viel wie „Nichtgrieche, Ausländer, einer, der der „richtigen" Sprache nicht mächtig ist".

Da wir außerdem wissen, dass er sich mit Magie und von daher auch bestimmt mit Zaubersprüchen beschäftigt hat, verstehen wir seine Warnung auch auf einer anderen Ebene: Wer als Unwissender mit Zaubersprüchen hantiert, der nimmt tatsächlich ein gewisses Risiko auf sich! Deshalb ist es durchaus im Interesse der genannten Personengruppen, seine Warnung zu befolgen.

Die lateinischen Verse in seinen Vorworten

Es ist auffällig, dass Nostradamus in den Brief an seinen Sohn genau 13 lateinische Zitate einfließen lässt; im Brief an König Heinrich finden sich ihrer 10. Das macht insgesamt also 23 lateinische Zitate - und diese Zahl entspricht genau der Anzahl der Jahrhunderte, für die Nostradamus seine Voraussagen anfertigt! Man rechne einmal nach: Er schreibt sein Werk im Jahre 1555 nieder. Von diesem Jahr bis zum Jahr 3797, in dem seine Prophezeiungen enden, sind es genau 2242 Jahre: 22 Jahrhunderte und ein halbes!

Außerdem besitzt die siebte Centurie genau 42 Verse, das kann kein Zufall sein! Der Nostradamus-Interpret Rudolf Putzien hat bereits richtig gesehen, dass der 23. lateinische Satz eine Überschrift bildet zu den restlichen 22 Versen. Im Brief an König Heinrich lesen wir diese „Überschrift“: „Sancta Sanctorum“ (Das Allerheiligste)! Die übrigen Verse stellen, wenn man sie in die richtige Reihenfolge bringt, einen „Brief im Brief“ dar. So kommen wir wieder auf die magische Zahl „3“: drei Briefe, an den Sohn, den König und an die Eingeweihten.

Es ist sehr wahrscheinlich, dass die 22 Überschriften die 22 Jahrhunderte repräsentieren. Denn es gibt eine andere Parallele zwischen den lateinischen Sätzen und den Voraussagen in den „Centuries“, die sehr auffällig ist: Wenn man die Buchstaben zusammenzählt, aus denen sich die lateinischen Verse zusammensetzen, kommen wir auf eine Anzahl von 934. Die „Centuries“ beinhalten genau 942 Quatrains! Wenn sich nun 8 Quatrains fänden, die keine Voraussagen enthalten, dann würde das bedeuten, dass jedem Quatrain ein Buchstabe dieses lateinischen „Briefes“ zugeordnet ist.

In jedem Fall finden sich schon einmal 3 besondere Quatrains, die aus dem Schema der üblichen Voraussagen herausfallen! Da wären die Quatrains I,1 und I,2 in denen Nostradamus seine nächtlichen Sitzungen beschreibt. Ferner warnt der lateinische Vierzeiler VI, 100 Nichteingeweihte davor, sich mit der Interpretation seiner Werke zu befassen. Der Auffassung Putziens, dass es sich auch bei Vierzeiler VII, 40 um einen Hinweis auf die Verschlüsselung handelt sowie bei den Quatrains V, 74-77 um einen zusammenhängenden Block, möchten wir nicht bedenkenlos zustimmen. Diese Lösung scheint zu sehr im Einklang mit dem eigenen Wunschdenken zurechtgebogen zu sein, als dass sie uns wirklich einen Weg weisen würde!

Aber in jedem Fall ist an dem Weg etwas dran, denn wenn wir von den 942 wirklich originalen Quatrains 3 abziehen, kommen wir auf 939 Vierzeiler. Alle Buchstaben des lateinischen Briefes zusammengenommen ergeben 949: 939 + die magische Zahl „3“ + die magische Zahl „7“. Ferner haben wir die Zahl „5“, die in der Mitte steht und die Brücke bildet zwischen der nun herausgefundenen Anzahl der Quatrains, also 939 und der mutmaßlichen Anzahl der Vierzeiler, die tatsächlich Voraussagen für die Zukunft beinhalten (934). Nicht umsonst ist die Zahl „357“ eine wichtige Zahl in der Astrologie. Aber das würde uns nun zu weit auf ein Terrain führen, das genau zu erklären den Rahmen des Buches sprengen würde. Fest steht, dass wir weiter auf diesem Wege forschen müssen!

In der sehr wahrscheinlich richtigen Reihenfolge lesen Eingeweihte:

Visitabo in virga ferrea, iniquitates eorum, et in verberibus percutiam eos. (63 Buchstaben)
Effundam spiritum meum super omnem carnem, et prophetabunt filii vestri et filiae vestrae. (76 Buchstaben)
Nolite Sanctum dare Canibus, nec mittatis Margeritas ante porcos, ne conculcent pedibus et conversi disrumpant vos
(97 Buchstaben)

Abscondisti haec a sapientibus, et prudentibus, id est, potentibus et regibus, et enucleasti ea exiguis et tenuibus
(95 Buchstaben)
qui propheta dicitur hodie, olim vocabatur videns
(42 Buchstaben)
Soli numine divino afflati praesagiunt et Spiritu Prophetico particularia (65 Buchstaben)
Quia non est nostrum, noscere tempora nec momenta
(41 Buchstaben)
Quod de futuris non est determinata omnino veritas
(43 Buchstaben)
Sed quando submouenda erit ignorantia (33 Buchstaben)
Minerua libera et non inuita (24 Buchstaben)
Bellis rubuit naualibus aequor (27 Buchstaben)
Ut audiret gemitus compeditorum, ut solueret filios interemptorum (57 Buchstaben)
Non inclinabitur in saeculum saeculi (32 Buchstaben)
Quia omnia sunt nuda et aperta (25 Buchstaben)
Possum non errare, falli, decipi (26 Buchstaben)
Per tempus, et in occasione temporis (30 Buchstaben)
Ad Caesarem Nostradanum Filium (27 Buchstaben)
In soluta oratione (16 Buchstaben)
Tripode aeneo (12 Buchstaben)
A fato - a Deo - a natura (16 Buchstaben)
Faciebat Michael Nostradamus Salonae Petrae Provinciae
(49 Buchstaben)

Übersetzung.

„Ich werde ihre Ungerechtigkeiten mit einer eisernen Rute heimsuchen, und ich werde sie mit Geißeln verfolgen.
Ich werde sie zerquetschen und zerbrechen, und ich werde kein Mitleid mit ihnen haben.
Dann werde ich meinen Geist über alles Lebendige ausströmen lassen, und eure Söhne und Töchter werden weissagen.

Ihr sollt nicht das Heilige den Hunden vorwerfen, noch solltet ihr Perlen vor die Säue werfen, damit sie nicht mit ihren Pfoten darin herumwühlen, um sich dann gegen Euch zu richten und Euch zu zerreißen.
Dies hast du den Weisen und Klugen verborgen, das heißt, den Mächtigen und den Königen, und du hast es den Niederen und Armseligen eröffnet.
Wen man heute Prophet nennt, der wurde zu früheren Zeiten Seher genannt.
Denn es ist nicht an uns, die richtigen Zeiten und Momente zu kennen,
weil von den zukünftigen Zeiten noch nicht die vollständige Wahrheit festgelegt ist.
Aber wenn das Nichtwissen zu überwinden sein wird,
dann wird die Weisheit frei zugänglich und nicht mehr leblos sein.
Das Meer ist von Seeschlachten rot gefärbt worden
damit er das Stöhnen der Gefesselten hört und die Söhne der Niedergemetzelten befreit.
Er wird auch im Jahrhundert der Jahrhunderte nicht zu Fall gebracht werden.
Denn alle Dinge sind nackt und liegen offen vor unseren Augen,
ich kann nicht irren, fehlen oder getäuscht werden.
durch die Zeit, und durch den Verfall der Zeit.
Für César, den Sohn des Nostradamus,
in flüssiger Rede geschrieben
auf einem eisernen Dreifuß
durch das Schicksal, von Gott und der Natur ausersehen
Machte dies Michael Nostradamus in Salon de Provence“

Dieser Brief enthält das Essenzielle, die beiden anderen Briefe zusammengenommen enthalten verschlüsselt die Botschaft, wie dieser dritte Brief zu lesen ist, damit er uns den Code zur zeitlichen Zuordnung aller Verse gibt. Dies darf allgemein hin als gesichert gelten. Es hat mehrere Ansätze gegeben, die Verse aufzudröseln, und wenn wir Nostradamus Glauben schenken wollen, so wird es uns frühestens im Jahre 2055 gelungen sein, seine Botschaft richtig verstanden zu haben.

Die lateinischen Einflechtungen sind übrigens vor allen Dingen Zitate, viele aus den Büchern der Propheten aus dem Alten Testament, aber auch Zitate von Girolamo Savonarola, einem Vorläufer des Nostradamus, der etwa 50 Jahre vor Nostradamus in Italien seine Visionen verbreitet hatte und dafür verfolgt worden war. 1558 jedoch wurden Savonarolas Schriften als rechtgläubig anerkannt, so konnte sich Nostradamus gefahrlos auf ihn berufen.

Die Sprache des Nostradamus

Neben der Verschlüsselung der Zeitangaben, die bis heute nicht annähernd dekodiert ist, verschleiert der Autor der „Centuries" seine Texte durch seine seltsam anmutende Wortwahl. Auch französischen Interpreten seines Werkes gelingt es kaum, seine Verse vollständig zu verstehen. Die Übersetzungen, die es ins Neufranzösische gibt, weichen zum Teil stark voneinander ab. Dies liegt zum einen daran, dass Nostradamus in der mittelfranzösischen Sprache des 16. Jahrhunderts schreibt. Diese Sprachstufe ist noch voll von archaischen Wortbildungen, die längst schon kein Sprecher der französischen Sprache, (darunter auch Gebildete) mehr versteht.

Zum anderen möchte Nostradamus ja „Uneingeweihte" abschrecken, und er unterlegt seine Sprache mit vielen Entlehnungen aus dem Lateinischen oder Griechischen. Er schreibt dann oft nicht direkt das Fremdwort, sondern er „versteckt" sein Latein, indem er einfach so tut, als seien lateinische französische Wörter. So zum Beispiel, als er einen Herrscher als „flagrand d´ardent libide" bezeichnet. Diese Wörter kann man vergeblich im Französischen suchen, denn es ist eine „französisierte" Form des Lateinischen „flagrans ardenti libidine". Auch seine Satzstellung entspricht oft eher der des Lateinischen als der des Französischen.

Außerdem ist Nostradamus, der „Magier", ein Mann, der nicht nur gerne mit dem Feuer, sondern auch mit Worten spielt. Es ist schier unglaublich, wie er viele Wörter und Ortsnamen fast bis zur Unkenntlichkeit verändert, verstümmelt, ausdehnt oder umstellt. Dabei steht er in der Tradition seiner großen Vorbilder, der Dichter des alten Roms, die sich auch mit Vorliebe des Metaplasmus´ bedienten. Diese Technik ermöglichte es den Schriftstellern, nach Belieben Wörter zu verlängern oder zu verkürzen, um sie dem notwendigen Versmaß anzupassen. Sollte ein Vers also etwas rhythmischer klingen, dann wurde kurzerhand aus „edere" „comedere". Und da auch Nostradamus seinen Versen ein Versmaß gegeben hat, nämlich 10 Hebungen, und ein Reimschema, nämlich Paarreim, hat auch er allen Grund, diese Verfahren anzuwenden, wenn auch nicht nur aus ästhetischen Gründen.

Man konnte den Wörtern Silben oder auch einzelne Buchstaben hinzufügen oder auch wegnehmen, und zwar am Anfang eines Wortes, am Ende oder mittendrin. Sehr beliebt waren auch Umstellungen der Reihenfolge der Buchstaben. Dies praktiziert Nostradamus in großem Stil. Beispielsweise schreibt er häufig „noir" (schwarz), wenn er „roi" (König) meint. Ein beliebtes „Spielchen" besteht auch darin, statt des eigentlich gemeinten Wortes ein Homonym hinzuschreiben: ein „Teekesselchen", ein Wort, das genauso klingt wie das gemeinte, das aber eine ganz andere Bedeutung hat. Besonders viel zu rätseln gibt er uns bei den Ortsnamen. Manchmal sind sie kaum mehr zu erkennen, weil er alte Bezeichnungen aus griechischer oder römischer Zeit verwendet, oder weil er Symbole verwendet, die dann auf die Stadt schließen lassen sollen.

Die Briefe des Nostradamus

Nostradamus hat zwei Briefe, geschrieben, die er seinem Werk beifügt und die er in Prosa verfasst hat. Einen Brief schreibt er an seinen Sohn César, der zu diesem Zeitpunkt zwei Jahre alt ist. Nostradamus weiß, dass er mit seinem Sohn nicht mehr über seinen geistigen Nachlass wird reden können. Deshalb widmet er ihm seine prophetische Hinterlassenschaft und erklärt ihm ausführlich Sinn und Zweck seines Lebenswerkes.

Es scheint, als habe Nostradamus das Gefühl, sich vor seinem Sohn rechtfertigen zu müssen. Dies ist nur allzu verständlich, denn als Seher ist sein Leben eine ständige Gratwanderung. Auf der einen Seite ist er überzeugt, dass seine Visionen von Gott eingegeben werden, er möchte also auf keinen Fall mit dem katholischen Glauben in Konflikt geraten. Auf der anderen Seite läuft er ständig Gefahr, mit seinen Voraussagen politisch anzuecken und eventuell wegen der schlimmen Ereignisse, die er voraussieht, verdammt zu werden.

Nur zu oft in der Menschheitsgeschichte sind Propheten für die Dinge, die sie kommen sehen haben, verantwortlich gemacht worden. Wenn die Ereignisse dann eingetroffen waren, wurden sie beschuldigt, diese verursacht zu haben! Auch dies ist ein Grund, weshalb seine Botschaften verschlüsselt sind.

Nostradamus war ein streng gläubiger Mensch, der seine prophetische Gabe vor allen Dingen einer Eingebung Gottes zuschrieb. Er sieht den Sinn seiner Prophezeiungen auch darin, dass Gott den Menschen durch sie eine Warnung aussprechen will, weil Gott die Menschen liebt. Es verwundert also nicht, dass der Seher erschrocken ist über das, was er in ferner Zukunft sieht, ja, dass er sprichwörtlich Angst hat, vom rechten Glauben abzufallen, wenn er seinen eigenen Visionen trauen will: Die französische Revolution und die damit verbundene Abkehr vom

„Gottesstaat", die Herrschaft von Massenideologien im 20. Jahrhundert, eine bevorstehende Vorherrschaft des Islams...

Der Brief an seinen Sohn César

An César, den Sohn des Nostradamus

Leben und Glückseligkeit!

Deine späte Ankunft, César Nostradame, mein Sohn, hat mich veranlasst, einen Großteil meiner Zeit darauf zu verwenden, in ständigen Nachtwachen das zusammenzutragen, was ich dir schriftlich hinterlassen werde, nachdem der Körper dessen, der dich gezeugt hat, ausgelöscht sein wird. Es soll allen Menschen zugute kommen, was der göttliche Geist durch die astronomischen Konstellationen mir mitgeteilt hat. Und da es dem unsterblichen Gott gefallen hat, dass du gesund auf diesen Erdenstrand gekommen bist und ich nicht deine Jahre sagen will, die noch nicht erfüllt sind außer den Lenzen, die du bereits zählst, so bist du auf Grund deines schwachen Verständnisses nicht in der Lage zu verstehen, was ich bis zu meinem Tode werde beenden müssen. Ich sehe aber, dass es mir möglich ist, dir schriftlich zu hinterlassen, was ansonsten mit der Zeit zerstört werden würde, da ich dieses altehrwürdige prophetische Erbe mit ins Grab nehmen werde, und da ich auch weiß, dass das Schicksal der Menschen und ihr zukünftiges Ende ungewiss sind, und dass alles durch die Macht des unschätzbaren Gottes regiert wird.

In diesem ersten Teil seines Briefes begrüßt er seinen Sohn, der zu diesem Zeitpunkt erst zwei Jahre alt ist. Nostradamus war 50 Jahre, als sein Sohn geboren wurde, wohl deshalb schreibt er von der „späten Ankunft".

Es hört sich also so an, als hätte er sein ganzes Werk nur deswegen geschrieben, um es seinem Sohn zu hinterlassen! Viele

Nostradamus-Forscher beziehen den Anfang des Briefes darauf, dass er in Wirklichkeit den Brief nicht an seinen Sohn, sondern für einen Menschen geschrieben hat, der in der Zukunft kommen würde. Dafür würde auch die Tatsache sprechen,. dass er ausdrücklich sagt dass sein Werk allen Menschen zugute kommen soll. Der Brief ist allerdings nicht besonders persönlich geschrieben, schließlich wollte Nostradamus ihn ja auch als Vorwort zu seinen „Centuries" veröffentlichen. Aber gerade dies lässt uns anderes vermuten: Sieht Nostradamus vielleicht die nachkommenden Generationen als seine „Kinder", für die er die Verantwortung übernehmen möchte?

Er macht uns noch mit einem anderen Hinweis Mut: Er schreibt, dass das Schicksal der Menschen und ihr zukünftiges Ende ungewiss sind. Er hat unsere Zukunft gesehen, und er weiß, was auf uns zukommen wird. Aber er weiß auch, dass unser Schicksal in unserer Hand liegt, dass nicht alles zwangsläufig so eintreffen wird, wie er es gesehen hat, und dass es an uns liegt, das Schlimmste abzuwenden. Denn das letzte Wort hat nach Nostradamus der „unschätzbare Gott". Dieser Ausdruck birgt ein schönes Wortspiel in sich, denn dieses göttliche Wesen ist nicht einfach nur unschätzbar groß, sondern seine Launen und Absichten, die er mit der Welt hat, sind von uns Menschen überhaupt nicht einzuschätzen, auch von einem großen Seher wie Nostradamus nicht.

A propos Prophezeiungen...

Er inspiriert uns nicht in Form von Alkohol, und auch nicht durch den Wahnsinn, sondern durch astronomische Konstellationen. „Nur diejenigen werden in der Lage sein, in die Zukunft zu schauen, die durch den göttlichen Namen und den prophetischen Geist angehaucht sind". Schon seit langer Zeit habe ich mehrfach Dinge vorhergesagt, lange bevor sie eingetroffen sind, und das in mehreren Ländern. Ich habe das alles zurückgeführt auf die göttliche Tugend und die göttliche Inspiration, und auch andere Zukunftsvoraussagen, gute und schlechte, die ich kurzfristig gemacht habe, haben sich hinterher bewahrheitet. Ich hatte erst schweigen und meine Visionen nicht niederschreiben wollen, um niemanden zu verletzen, nicht nur meine Zeitgenossen, sondern auch Menschen, die in zukünftigen Zeiten leben. Außerdem werden die jetzt vorhandenen Königreiche, Sekten und Religionen solche Veränderungen durchmachen, dass sie ins Gegenteil verkehrt werden von dem, was sie heute sind. Und wenn ich wirklich das aufschreiben würde, was in Zukunft passiert, dann werden die Vertreter der Königreiche, der Sekten und der Religionen das so unvereinbar mit ihren eigenen Wünschen und Fantasien finden, dass sie alles verfluchen werden, was sich in der Zukunft bewahrheiten wird.

Hier richtet er sich auch ganz deutlich nicht nur an seinen Sohn, sondern an alle Menschen in seiner Gegenwart und auch der Zukunft. Er will, dass man seine Prophezeiungen ernst nimmt und möchte sich gegen unseriöse Arten der Zukunftsvoraussagen abgrenzen. Schließlich gibt es ja heute noch das Sprichwort: „Kinder und Betrunkene sagen die Wahrheit". Ebenso schreibt man Wahnsinnigen gerne zu, dass ihrer „Besessenheit" ein tieferer Sinn zu Grunde liegt. Aber das ist für Nostradamus überhaupt nicht der Fall. Er möchte uns eher warnen vor solchen Fehlschlüssen. Er vertraut vollends auf die judizielle Astrologie.

Wir lernen nun auch die Einwände kennen, die ihn haben zögern lassen, seine Visionen aufzuschreiben. Es bedeutet eine große Gefahr, den Mächtigen vorauszusagen, dass sie in Zukunft nicht mehr mächtig sein werden und dass ihre so verehrten Tugenden sich ins Gegenteil verkehren würden: Das bedeutet ja, dass er ihre Moral anzweifelt. Aber er hat nicht nur deswegen Bedenken. Er möchte niemanden verletzen, er möchte niemandem Angst machen, weder seinen Zeitgenossen noch uns, die wir aus seiner Sicht in der Zukunft leben.

Noch ein paar Begründungen

Ebenso war das Gebot des wahrhaftigen Retters: "Ihr sollt nicht das Heilige den Hunden vorwerfen, noch sollt ihr die Perlen vor die Säue werfen, damit sie nicht mit ihren Pfoten darin herumwühlen um sich dann gegen euch zu richten und euch zu zerreißen." ein Grund für mich, meine Zunge vor den einfachen Leuten zurückzuhalten und die Dinge nicht niederzuschreiben. Dann habe ich mich jedoch dazu entschlossen, die zukünftigen Ereignisse, die auf alle zukommen werden, in verschlüsselten, absurd klingenden Versen aufzuschreiben, und zwar die dringendsten Ereignisse sowie solche Veränderungen, die den empfindlichsten Ohren am skandalösesten erscheinen werden. All dies mehr auf verschleierte Art, als dass es prophetisch klingt. Denn: „Du hast dies den Weisen und Klugen verschwiegen, das heißt, den Mächtigen und Königen, und du hast es den Niederen und Armseligen eröffnet", und den Propheten. Denn diese haben durch den unsterblichen Gott und die gütigen Engel die Gabe der Prophetie erhalten, durch die sie die weit entfernten Dinge sehen und die zukünftigen Ereignisse vorhersehen können. Nichts kann ohne Gott vollendet werden, dessen Macht und Güte gegenüber seinen Untergebenen unendlich groß ist. Solange diese in sich selbst bleiben, jedoch auch anderen Effekten unterworfen werden, weil sich die Gründe des guten Geistes immer wieder wiederholen, nähert sich uns dieses Feuer und diese prophetische Macht, so wie es mit Sonnenstrahlen ist, die sich auf den physischen Körper sowie auf den Geist gleichermaßen auswirken.

Hier legt er nun dar, warum er sich letztlich entschlossen hat, seinen Bedenken nicht nachzugeben und seine Visionen für die Nachwelt aufzuschreiben. Seine „Centuries" stellen einen Kompromiss dar: Er will uns sein Wissen vermachen, er will aber verhindern, dass machtgierige Tyrannen seine Verse benutzen, um die Herrschaft an sich zu reißen. Deshalb schreibt er: „Du hast es den Weisen und Klugen verschwiegen, das heißt, den Mächtigen und Königen" (!) „und du hast es den Niederen und Armseligen eröffnet".

Man bedenke nur einmal, wie fantasievoll viele Nostradamus-Interpreten mit seinen Prophezeiungen umgegangen sind und welche Gedankenakrobatik diese vollführt haben, um geheime Codes in seinem Werk ausfindig zu machen, nach denen die „wahren" Zeitbestimmungen und die „wahren" Bedeutungen gefunden werden sollten! Dabei genügt ein Blick auf diesen Brief, den Nostradamus direkt an uns alle richtet und der uns sagt: Die einfachste Deutung ist die wahrste! Wenn wir ihn genau beim Wort nehmen, dann und nur dann werden wir die richtige Lösung finden, auch wenn uns dies unglaublich erscheint.

Was uns Menschen betrifft, wir können mit der uns eigenen Intelligenz und mit der Neigung unseres Geistes nichts von den göttlichen Geheimnissen erfassen, „denn es ist nicht an uns, die richtigen Zeiten und Momente zu kennen". Denn zur momentanen wie auch zu anderer Stunde können Menschen kommen, denen Gott der Schöpfer durch bildliche Visionen und gestützt durch Berechnungen der judiziellen Astrologie einige Geheimnisse der Zukunft und der Vergangenheit offenbart hat. Denn eine gewisse Macht und eine gewollte Fähigkeit kam von Gott als eine feurige Flamme, und inspiriert von der Flamme kam man dazu, die göttlichen von den menschlichen Inspirationen zu unterscheiden. Die göttlichen Werke sind absolut, denn Gott vollendet sie: die mittelmäßigen Werke werden von den Engeln geschaffen, die zwischen ihm und dem Bösen stehen. Aber, mein Sohn, ich spreche hier ein wenig unverständlich.

Hierzu nur eine kurze Anmerkung: Der zweite Teil ist allerdings unverständlich, aber er möchte darauf hinaus, dass seine Voraussagen nicht absolut sind. Gott kann seinen Plan nach Belieben ändern. Dies würde er uns dann wahrscheinlich über andere Propheten mitteilen, vorausgesetzt, dass es ihm so gefällt.

Standortbestimmung eines Propheten

Aber was die okkulten Prophezeiungen betrifft, die man durch den Geist des Feuers erhält, der den Verstand anregt, wenn man damit beschäftigt ist, die Sterne zu betrachten: Man ist überrascht, dass man eine Prophezeiung findet, aber man kann sie ohne Furcht annehmen und niederschreiben, denn sie ist keine schamlose Geschwätzigkeit, sondern alles kommt ja durch die göttliche Macht des großen, ewigen Gottes, von dem alle guten Taten ausgehen. Übrigens, mein Sohn, da ich die Bezeichnung „Prophet" verwandt habe: Ich möchte mir - noch - nicht einen so hochtrabenden Titel zuweisen, denn: „wen man heute Prophet nennt, der wurde zu früheren Zeiten „Seher" genannt". Denn ein Prophet, mein Sohn, ist ein Mensch, der Dinge sieht, die weit entfernt sind vom Wissensstand jeder lebenden Kreatur. Und es geschieht ebenso, dass einem Propheten, der vollständig mit dem Licht der Prophetie gesegnet ist, Dinge offenbart werden, die sowohl göttlicher als auch menschlicher Natur sind, obwohl das normalerweise nicht der Fall sein kann, wenn man bedenkt, wie weit reichend eine Prophezeiung zu sein pflegt. Denn die Geheimnisse Gottes sind unbegreiflich. Und die wirkende Kraft, die letztendlich aus dem natürlichen Wissen entspringt, hat ihren nächsten Ursprung im freien Willen. Und sie ist es, die die Dinge zum Vorschein bringt, die von selbst niemals erkannt werden würden, weder durch menschlichen Weitblick noch durch irgendeine okkulte Macht auf dieser Erde, auch nicht angesichts der Ewigkeit, die in sich alle Zeit vereinigt.

Nostradamus schreibt hier sozusagen einen „Erlebnisbericht". Wie geht es vor sich, wenn man eine Prophezeiung erhält, und was denkt und fühlt der Seher, wenn ihm etwas offenbart worden ist? Wieder taucht die Flamme auf, die ihm Eingebung gibt. Und im gleichen Atemzug nennt er wieder die Sterne, die mit dem Feuer eine unzertrennbare Einheit bilden. Beide Elemente stellen eine kommunikative Verbindung her zwischen ihm und der ihn inspirierenden Macht, sie sind sozusagen sein „Telefon zu Gott".

Nach dem, was er uns berichtet, findet er diese Visionen überhaupt nicht zum Fürchten, sondern er nimmt sie einfach mit Überraschung zur Kenntnis.

Also kann es ja alles gar nicht so schlimm sein. Er betont ja auch immer wieder, dass er auf Gott vertraut, denn der weiß schon, was er warum tut und was er den Menschen zumuten kann.

Prophetie - Ein Spiel mit dem Feuer

Aber da die Ewigkeit unzerteilbar ist, werden die Dinge erkennbar durch die Bewegungen, die am Himmel stattfinden. Ich sage nicht, mein Sohn, damit du mich gut verstehst, dass dein kleiner Verstand nicht in der Lage sei, das Wissen über diese Dinge aufzunehmen; dass die zukünftigen, noch weit entfernten Ereignisse nicht dem Wissen der Menschen zugänglich sein sollten: sie sind begreifbar, in dem Maße, wie die gegenwärtigen und zukünftigen Dinge für den menschlichen Verstand nicht zu verborgen, aber auch nicht zu klar sind. Aber die exakte Kenntnis der Dinge kann nicht ohne die göttliche Eingebung erworben werden, denn jegliche prophetische Eingebung findet ihr Ursprungsprinzip in Gott, dem Schöpfer, und dann erst aus dem Charakter und der Natur. Und deswegen, weil die Ursachen unterschiedslos sind, ob sie sich nun unterschiedslos erfüllen oder gar nicht erfüllen, bewahrheitet sich die Prophezeiung in kleinen Teilen, so, wie es vorausgesagt ist. Denn das intellektuelle Verständnis kann keine verborgenen Dinge sehen, es sei denn, durch die Stimme, die durch die winzige Flamme zum Kleidersaum spricht und durch die dann die Bilder aus der Zukunft sich zu einem gesellen. Und ebenso bitte ich dich, mein Sohn, dass du nie deinen Verstand solchen Träumereien und Eitelkeiten hingibst, denn sie laugen den Körper aus und geben die Seele der Verlorenheit anheim. Außerdem verstören sie den schwachen Sinn, vor allen Dingen halte dich von der abscheulichen Magie fern, die schon damals von der Heiligen Schrift und dem göttlichen Canon verdammt wurde. Die einzige Ausnahme bildet die judizielle Astrologie, mit deren Hilfe ich außer der göttlichen Inspiration und Offenbarung durch nächtliches Wachen meine Prophezeiungen niederschreiben konnte.

Er weist uns hier noch einmal deutlich darauf hin, dass seine Prophezeiungen durchaus verständlich sind, dass man sie begreifen kann, wenn man einen Sinn entwickelt für das, was um einen herum passiert. Man muss also schon in der Lage sein, die Tendenzen, die sich im Weltgeschehen so abzeichnen, zu erkennen und richtig einzuschätzen.

Dies entspricht ja auch der Vorgehensweise von Prognosen. Seien es Wettervorhersagen, Wirtschaftprognosen oder sonstige Einschätzungen, die meist von wissenschaftlichen Instituten herausgegeben werden. Aber, und das berücksichtigen viele Nostradamus-"Kenner" offenbar nicht, er sagt genauso, dass die Umstände nicht zu klar sichtbar sein dürfen. Denn sonst bräuchte man ja gar keine Propheten mehr, wenn jeder mit seinem eigenen Wissen in der Lage wäre, so weit vorauszuschauen.

Er unterscheidet daher strikt zwischen dem, was der Einzelne selbst sehen kann und seiner Aufgabe als Prophet. Der Normalbürger kann nämlich erahnen, was auf ihn zukommt, wenn das Ereignis unmittelbar bevorsteht, die verborgenen Dinge werden ihm aber nicht zugänglich sein, auch wenn er noch so schlau oder gewitzt ist. Gerade das gibt den Normalbürgern die Chance, das Unheil, das sie nahen sehen, abzuwenden. Ein an seine Voraussagen geknüpfter Fatalismus wäre also fehl am Platze und überhaupt nicht in Nostradamus´ Sinne!

Es fällt auch auf, wie oft Nostradamus darauf zurückkommt, dass alles im Leben wiederkehrt. Nun, das ist natürlich keine große Weisheit, es wird immer wieder Kriege, Hungersnöte, Sonnenfinsternisse, grausame und gute Herrscher geben. Aber damit möchte er uns auch Hinweise geben, denn manches an seinen

Prophezeiungen kommt uns in der Tat bekannt vor, aber in anderem Zusammenhang.

Und noch etwas ganz Wichtiges: Er warnt uns, nicht aus unserer „Normalbürgerhaut" zu fahren und uns etwa auch an der Kunst des Weissagens zu probieren, wenn wir dafür nicht auserwählt sind. Vor allen Dingen sagt er dies in Sorge um seinen leiblichen Sohn, denn damals war die Weissagerei in mehrerlei Hinsicht ein Spiel mit dem Feuer: Zum einen, ein Spiel mit dem kleinen Wahrsagerfeuer, das ihm die Inspiration gibt. Zum anderen aber auch ein Spiel mit dem großen Feuer, dem Scheiterhaufen. Es bedeutete also eine wirklich begründete und ganz konkrete Gefahr, sich auf solche Experimente einzulassen. Denn es lag nicht nur an der Überzeugungskraft eines Sehers, sondern auch an der Willkür der Kirchenväter, an der allgemeinen politischen Lage usw., ob man einem Wahrsager Glauben schenkte oder nicht.

Absage an die schwarze Magie

Und da die okkulte Philosophie abscheulich ist, wollte ich niemals deren hemmungslose Überredungskunst zu Worte kommen lassen, auch wenn mehrere, jahrhundertelang verborgene Bände in meine Hände gekommen sind. Ich habe sie verbrannt, nachdem ich sie gelesen habe, aus Sorge, sie könnten in falsche Hände geraten. Und während die Flammen die Bücher verzehrten, wurden sie unglaublich hell, heller als normale Flammen, wie ein gleißender Blitz, der plötzlich das Haus erleuchtete, als ob es plötzlich Feuer gefangen hätte. Ich habe die Bücher in Asche verwandelt, weil ich nicht möchte, dass du eines Tages Opfer wirst von Leuten, die auf der Suche sind nach Rezepten, um Silber in Gold zu verwandeln oder nach unverwüstlichen Metallen, unter der Erde oder in den Wellen. Aber ich möchte dir genauer erklären, was es mit der seherischen Kraft auf sich hat, die durch die astronomische Urteilskraft vervollständigt wird. Durch sie ge-

langt man zur Kenntnis über die Zukunft und weist die fantastischen Vorstellungen, die man sich von ihr macht, weit von sich. Durch die göttliche, übernatürliche Inspiration kann man dann auch die Orte genau erkennen und Ort und Zeit des okkulten Eigentums an den astronomischen Figuren festmachen. Dazu bedarf es der Tugend, einer gewissen Begabung und gottgeleiteter Fähigkeit. Wenn dies beherzigt wird, werden die drei Zeitebenen in der Ewigkeit zusammengefasst, in Gedenken an Vergangenheit, Gegenwart und Zukunft: „denn alle Dinge sind nackt und liegen offen vor ihren Augen.". Und deswegen, mein Sohn, wirst du trotz deines noch jungen Verstandes leicht verstehen können, dass die Dinge, die passieren müssen, vorhergesagt werden können mit Hilfe der Sterne, die Teil der Natur sind, und durch den prophetischen Geist.

Hier begibt sich Nostradamus auf sehr gewagtes Gebiet, wenn er zugibt, dass er sich mit solchem „Teufelswerk" befasst hat. Deshalb schildert er hier in sehr anschaulicher Weise, dass mit „okkulten Dingen" und schwarzer Magie nicht zu spaßen ist. Selbst, als er seine Bücher verbrennt, kommt die geheime, zerstörerische Kraft noch zum Vorschein als ein gleißender Blitz, der ihm fast das Haus zersengt.

Nun, ob man dies glauben mag oder nicht, spätestens hier wird deutlich, dass er den Brief auch schreibt, um seinen Sohn zu schützen vor dem Argwohn der Kirche ebenso wie vor dem schlechten Einfluss anderer Leute, die im Hause Nostradamus´ etwas Geheimnisvolles und Einträgliches wittern.

Propheten sind auch nur Menschen

Nicht, dass ich mir eine Berufung oder die Rolle eines Propheten anmaßen wollte, ich sehe durch die offenbar gewordene Inspiration, als normal Sterblicher, der im Geiste nicht weniger vom Himmel entfernt ist als mit den Füßen von der Erde. „Ich kann irren, fehlen und auch getäuscht werden". Ich bin ein größerer Sünder als irgendein anderer Mensch auf dieser Erde und allen menschlichen Schwächen unterworfen. Doch manches Mal in der Woche werde ich durch Vorausschauungen überrascht und verleihe dann den nächtlichen Studien in langen Berechnungen einen süßlichen Geruch. Ich habe prophetische Bücher geschrieben, die jedes hundert Vierzeiler astrologischer Prophezeiungen enthalten. Ich wollte sie ein wenig verschleiern, es sind aber Weissagungen, die vom heutigen Zeitpunkt an bis in das Jahr 3797 reichen. Manche mögen ihre Stirn kraus ziehen angesichts des langen Zeitraums, und alle diese Dinge, die sich unter der Sichel des Mondes zutragen werden, werden bekannt und verstanden werden auf dem ganzen Erdenrund, mein Sohn. Wenn du ein normales Menschenalter erreichen solltest, dann wirst auch du die zukünftigen Geschicke voraussehen, und zwar auf deinem Breitengrad, am Himmel deines eigenen Geburtsortes. Nur der ewige Gott ist der einzige, der die Ewigkeit seines Lichts kennt, das von ihm ausgeht. Ich sage es offen: In diejenigen, denen er durch lange, tranceartige Inspirationen die Unendlichkeit seiner Größe offenbaren wollte, die so unfassbar und unbegreiflich ist, strömt eines der beiden wichtigsten Dinge, die das Verständnis des inspirierten Propheten ausmachen. Das übernatürliche Licht erleuchtet die Person, die auf astronomischer Basis vorhersagt. Außerdem prophezeit er unter dem Einfluss einer inspirierten Offenbarung. Diese Inspiration bedeutet ein Teilhaben an Gottes Ewigkeit, als ein Medium kann der Prophet urteilen über das, was sein göttlicher Geist ihm durch Gott selbst und durch eine natürliche Anregung eingegeben hat.

Nostradamus kommt hier sozusagen wieder „auf den Boden" zurück. Während er vorher so viel über seine Verbindungen zum göttlichen Geist gesprochen hat, stellt er sich hier wieder als ein ganz normaler Mensch dar, der seine Fehler und Schwächen hat. Und der nicht behaupten will, er selbst und sein Buch seien unfehlbar, schließlich ist er ja nicht Gott persönlich!

Dieser Abschnitt stellt die eigentliche Einleitung zu seinem Werk dar, denn hier kommt er zum ersten Mal auf seine „Centuries" zu sprechen. Es wird eine kurze Zusammenfassung seiner wichtigsten Weissagungen folgen, nachdem er den Zeitraum festgelegt hat, für den seine Berechnungen gelten. Und hier sehen wir auch ganz deutlich, dass eine „Centurie" nicht einem Jahrhundert entsprechen kann: Er schreibt diesen Brief im Jahre 1555; seine Voraussagen werden bis in das Jahr 3797 reichen. Das macht eine Gesamtzeit von 2242 Jahren. Ein Werk von 10 Centurien, in dem jede Centurie für ein Jahrhundert steht, würde aber nur 1000 Jahre abdecken.

Er appelliert auch wieder an uns, an unsere eigenen, bescheidenen Fähigkeiten der Vorausschau zu glauben. Dazu muss man aber ganz „bei sich" sein, auf dem eigenen „Breitengrad", und man sollte ein „normales Menschenalter" erreicht haben. Damit spielt er wohl auf die „Weisheit des Alters" an, in dem man auf Grund seiner Lebenserfahrung eher in der Lage ist, die Geschicke der Welt zu beurteilen und dementsprechend umsichtig zu reagieren. Und immer wieder kommt er darauf zurück, dass er all diese Gaben nur Gott zu verdanken hat, er kann es halt nicht oft genug wiederholen.

Düsterer Blick in die Zukunft

Das heißt also, dass das, was geweissagt ist, wahr ist und seinen Ursprung im Himmel hat. Und dieses Licht und diese winzige Flamme sind so wirksam und von solcher Erhabenheit, und zwar nicht geringer als die natürliche Helligkeit, das natürliche Licht, das den Philosophen erlaubt, sich ihrer Sache sicher zu sein, wenn sie über den Ursprung der Dinge philosophieren und in die tiefsten Abgründe der erhabensten Doktrinen sich versteigen. Aber, mein Sohn, um deine zukünftige Geisteskapazität nicht über Gebühr zu beanspruchen, und da ich der Meinung bin, dass Briefe einen zu großen, ja unvergleichlichen Verlust darstellen, sage ich dir nur: ich sehe, dass noch vor dem jüngsten Gericht so viele Fluten und solche Überschwemmungen auf die Welt zukommen werden, dass kaum ein Stück Land übrig bleiben wird, das nicht von Wasser bedeckt sein wird. Und das wird so lange andauern, dass fast alles verfault. Und vor und nach diesen Überschwemmungen werden die Regenfälle sehr gering sein, und vom Himmel wird es Feuer und Bimssteine regnen, dass nicht übrig bleiben wird, das nicht verzehrt werden wird. Und es wird nicht mehr lange dauern, bis dies kommt, und noch vor dem jüngsten Gericht. Noch bevor der Planet Mars seinen Zyklus vollendet haben wird, und am Ende seiner letzten Periode ist, dann werden die einen Planeten mehrere Jahre im Wassermann stehen, und die anderen im Krebs, und zwar noch ein paar Jahre länger.

Das ist eine der beiden einzigen Visionen, die uns Nostradamus wirklich unverschlüsselt in diesem Brief mitteilt. Sie gehört zu denjenigen, die uns sehr bekannt vorkommen, denn die Bibel, aber auch andere Schriften verschiedener Weltreligionen berichten uns von der Sintflut, während derer der Großteil der bewohnten Welt unter Wasser stand. Solch ein Ereignis wird sich wiederholen, „noch bevor der Planet Mars seinen Zyklus vollendet."

Wie Nostradamus dies in seinem Brief an König Heinrich erläutert, wird dies gegen Ende des biblischen 7. Jahrtausends sein, und das wird nach seinen Berechnungen in etwa 200 Jahren sein. Aber das werden wir dann an der geeigneten Stelle erklären.

Momentan stehen wir unter der Herrschaft des Mondes, gemäß der Allmacht des Herrn, und wenn seine Herrschaft vorbei ist, folgt die der Sonne und dann die Saturns. Denn die Himmelszeichen kündigen an, dass die Herrschaft des Saturns zurückkommen wird; nach allen meinen Berechnungen geht die Welt auf eine die Zeit umstürzende Veränderung zu. Und vom Tage an, da ich dies schreibe, 177 Jahre, 3 Monate und 11 Tage (vielleicht ein bisschen eher oder später) wird die Weltbevölkerung durch die Pest, Hungersnöte und Kriege und vor allem durch Überschwemmungen so dezimiert sein, dass man niemanden mehr finden wird, der auf den Feldern arbeiten will, sie werden so lange Jahre unbestellt bleiben, wie sie bestellt worden waren. Dies wird nach Meinung der Himmelsbeobachter geschehen, noch während wir im siebten Jahrtausend sind und uns dem Achten nähern, wo sich auch die Sphäre des achten Firmaments befinden wird, die in der breiten Dimension steht, in der der große, ewige Gott die Umwälzung vollenden wird und die Tierkreiszeichen an ihren alten Platz zurückkehren. Und die übergeordnete Bewegung, die uns die Erde fest und stabil macht, wird auch im Jahrhundert des Jahrhunderts nicht zu Fall gebracht werden. Es sei denn, dass Er es anders vorhat. Dennoch gibt es teils widersprüchliche Meinungen, die über das normale Raisonnement hinausgehen, und mohammedanischen Illusionen ähneln.

Die „Herrschaft des Mondes“ ist wieder ein Begriff aus dem alten Wissen der judiziellen Astrologie. Nach den uralten Berechnungen antiker Sternenkundler vollendet sich alle 25827 Jahre ein so genanntes „platonisches Jahr“. In diesem Zeitraum hat die Erde einmal ihre Kreiselbewegung vollführt, die durch die Polverschiebung bedingt ist. Für die Astrologen wirkt sich das dann so aus, dass sich alle Sternbilder des Tierkreises einmal um sich selbst gedreht haben. Alle 2152 Jahre rücken die Sternzeichen nämlich um eine Stelle weiter. Wo wir heute den Wassermann sehen, standen vor 2152 Jahren noch die Fische. Da die Sternzeichen genau der Anzahl der Monate entsprechen, können wir also von einem „platonischen Monat" sprechen. Und wenn wir schon dabei sind, diesen langen Zeitraum in kleinere Einheiten zu zerlegen, dann kann man sagen, dass 538 Jahre eine platonische Woche wären und 77 Jahre ein platonischer Tag - ein Menschenleben!

In der judiziellen Astrologie steht jeder dieser Zeitabschnitte unter einem bestimmten Stern. Nostradamus lebte im platonischen Monat des Mondes, der sich gerade dem Ende zuneigte. Es folgte die Zeit der Sonne, der Sonnenkönige, der Aufklärung (diese Zeit wird im Französischen treffend die „Zeit der Lichter" genannt). Wenn die Berechnungen so stimmen, müsste Saturn in etwa 1700 Jahren die Herrschaft übernehmen - etwa im Jahre 3797.

Die Zeit von ca. 177 Jahren nach 1555 umfasst eine Zeit, in der Europa tatsächlich sehr durch Kriege und Seuchen gebeutelt war; vor allem durch die Hugenottenkriege (Frankreich!) und den dreißigjährigen Krieg, der in Europa viele Narben hinterließ. In der vorliegenden Berechnung fällt außerdem auf, dass Nostradamus sich gewaltig widerspricht: Da er sich auf die Bibel beruft, nach der die Welt erst seit ca. 6800 Jahren existiert und in ca. 1770 Jahren zu Ende sein wird, kann es eigentlich gar nicht möglich sein, die Zeitalter zu berechnen, da ja ein „platonisches Jahr" über 20.000 Jahre dauert! Nostradamus weiß natürlich, dass die Zahlen der Bibel nicht stimmen können; im Brief an König Heinrich wird er sogar deutlich zeigen, dass die Bibel sich widerspricht. Doch um der Inquisition zu entgehen, muss er es so darstellen, als ob diese Rechnung logisch wäre! Deshalb spricht er von „widersprüchlichen Meinungen" und verweist dabei auf „mohammedanische Illusionen". In diesem Sinne ist das sogar ein Lob an die Musulmanen, da sie in den Wissenschaften wesentlich weiter fortgeschritten waren als die Europäer; das „normale Raisonnement" des christlichen Mittelalters hat sich dagegen als eine Sackgasse herausgestellt.

Es ist euch geweissagt worden...

Und der Schöpfer Gott zeigt unsren Sinnen durch seine Feuerboten, in einer Sendflamme die bedeutendsten Ursachen der Zukunftsseherei. Er hält sie uns vor Augen, als Zeichen für das zukünftige Ereignis, das sich dem Prophezeienden zeigt. Die Voraussage, die aus dem äußeren Lichtschein kommt, verbindet sich unvermeidlicherweise mit dem inneren Licht. Der Teil der Seele, der die Zukunft mit dem Auge des Verstehens zu sehen scheint, kann dies nur, indem er seine Vorstellungskraft verletzt. Der Grund dafür liegt auf der Hand: Alles wird geweissagt durch den göttlichen Hauch und durch den engelhaften Geist, der dem Propheten eingehaucht wird, ihn erleuchtet und seine Fantasie anregt durch die verschiedenen nächtlichen Erscheinungen. Bei Tageslicht kann er dann seine Prophezeiungen mit Gewissheit stützen mit Hilfe der Astronomie, im Einklang mit der heiligen Offenbarung der Zukunft, die aus nichts anderem hervorgeht als aus freiem Mut.

Auch hier können wir noch einen Hinweis darauf finden, dass Fantastereien nichts mit echter Zukunftsseherei zu tun haben! Nostradamus wiederholt mehrmals, dass er alle seine Visionen tagsüber durch Berechnungen überprüft hat, um sorgfältig echte Inspirationen von Fantasiegebilden zu trennen! Der letzte Satz ist auch noch mal eine Aufforderung für uns, denn die Zukunft geht aus nichts anderem hervor als aus „freiem Mut“. Man braucht Mut, um seine Zukunft zu gestalten, und man braucht auch viel Mut, um dem entgegenzusehen, was einen erwartet.

Höre nun, mein Sohn, wie ich durch meine Wälzereien herausgefunden habe, dass sich uns das tödliche Schwert bald nähert, mit der Pest, und Krieg, so grausam, wie er seit drei Generationen nicht mehr war und durch Hungersnot. Dieses Schwert wird auf die Erde schlagen und noch oft wiederkommen. Denn die Sterne stimmen mit dieser Umwälzung überein, und außerdem hat der Herr gesagt: „Ich werde ihre Ungerechtigkeiten mit einer eisernen Rute heimsuchen und ich werde sie mit Geißeln verfolgen.“, denn die Barm-

herzigkeit des Herrn wird nicht die Zeit gehabt haben, sich zu entfalten, mein Sohn, bis der Großteil meiner Prophezeiungen erfüllt sind und wiederum durch ihre Erfüllung an den Anfang gekehrt werden. Und so wird der Herr sagen, mehrere Male während der düsteren Stürme: „Ich werde sie zerquetschen und zerbrechen, und ich werde kein Mitleid haben". Es werden noch Tausende andere Dinge geschehen, die über die Wasser und durch Regenfälle kommen werden, wie ich es noch klarer in meinen anderen Prophezeiungen geschrieben habe, die gänzlich in Prosa geschrieben sind und in denen ich Orte und Zeiten genau angegeben habe. Das werden dann die feststellen können, die nach uns kommen, und sie werden auch feststellen können, wie all diese Ereignisse unfehlbar eingetroffen sind. Um es deutlicher zu sagen: Ihr Begreifen wird unter einem Schleier versteckt sein, „aber wenn das Nichtwissen zu überwinden sein wird", wird der Fall schon klarer scheinen.

Wir brauchen auch Mut, um zu verdauen, was Nostradamus hier vor uns ausbreitet, nämlich die größten Übel und Grausamkeiten, die die Existenz der Menschheit bedrohen. Er will uns Mut machen, aber er will uns auch nichts beschönigen, denn: Die Übel werden immer wiederkommen, auch wenn sie einmal überwunden sind.

Und wieder richtet er sich direkt an uns, die Kinder der Zukunft: Wir werden es feststellen, wann und wie diese Ereignisse eingetroffen sind. Aber er weiß auch um unsere Verwirrung bezüglich seiner Verse, und deshalb sagt er, dass wir es erst im Nachhinein begreifen werden: wenn das Nichtwissen überwunden ist, wenn die Ereignisse eingetroffen sind, dann wird uns ein Licht aufgehen.

Um zum Ende zu kommen, mein Sohn, so nimm denn dies Geschenk von deinem Vater, der immer noch hofft, dir alle hier aufgeschriebenen Prophezeiungen erklären zu können. Ich bete zu Gott, dass er dir ein langes Leben schenken möge, in Glück und in Sicherheit.

Salon, 1. März 1555

Der Brief an König Heinrich

Er schreibt noch eine zweite Einleitung zu den letzten drei Centurien, und zwar an den König Heinrich. Ganz offensichtlich handelt es sich um denjenigen König Heinrich, der ihn damals an seinen Hof zitiert hatte und dem er den Tod im Turnier vorhergesehen hatte.

In diesem Brief gibt Nostradamus eine Art „Kurzfassung“ der folgenden zwei Jahrtausende bis zum Jahre 3797 und erläutert dem König ebenfalls, aus welchen Gründen er seine Aussagen verschlüsselt. Er möchte nicht, dass jedermann in der Lage sein wird, seine Prophezeiungen zu lesen. Dies soll nur wenigen vorbehalten bleiben, die etwas vom Metier verstehen. Damit möchte er verhindern, dass mit seinem Material Unfug getrieben wird. Leider ließ sich das jedoch nicht immer verhindern.

An den unbesiegbaren, mächtigen und höchstchristlichen Heinrich, König von Frankreich, dem Zweiten.

Von Michel Nostradamus, seinem ergebensten und gehorsamsten Diener und Untertan.

Sieg und Gerechtigkeit

Die prophetischen Inspirationen, die des Nachts kommen, erwachsen aus einem natürlichen Instinkt. Die Verse, in denen sie verfasst sind, sind von poetischem Feuer, jedoch halten sie sich nicht an die Regeln der Dichtkunst. Der Großteil der Verse ist mit astronomischen Berechnungen abgestimmt worden. Sie stellen Jahre, Monate und Wochen dar und betreffen Regionen, Gebiete und die meisten Städte Europas. Auch Afrika und Asien sind teilweise von ihnen betroffen, in Fällen, in denen die dort stattfindenden Veränderungen klimatische Auswirkungen in den dortigen Regionen zeitigen.

Die Verse bieten außerdem Ansichtsweisen verschiedener Natur. Man wird dagegen einwenden: Derjenige, der sich die Nase putzen muss, wird den Rhythmus der Verse ebenso leicht verstehen können wie den Sinn. Darum sind die meisten der prophetischen Quatrains, gnädiger König, so Anstoß erregend, damit nicht Jedermann dahinter kommt, wie sie gelesen und interpretiert werden müssen. Ich hoffe dennoch, dass ich in dieser Schrift die Jahreszahlen, die Orte, Städte und Gebiete angegeben habe, in denen die Ereignisse stattfinden werden, insbesondere in den Jahren von 1585 bis 1606.
Ich beginne nun von der Gegenwart, vom heutigen Tag an, dem 14. März 1547. Und ich schaue sehr weit in die Zukunft, bis zu dem Geschehen, das nach dem Beginn des 7. Jahrtausends stattfinden wird, so, wie ich es in gründlichen Berechnungen bestätigt gefunden habe. In dieser Zeit werden die Feinde Jesu Christi und der katholischen Kirche Überhand nehmen, so scheint es sicher nach meinem Wissen und den Berechnungen, die ich angestellt habe. All dies ist bis auf den Tag und die Stunde ausgerechnet und komponiert und dann nach meinem besten Wissen und Gewissen zusammengesetzt worden. Es wird der Tag sein der befreiten Göttin der Kunstfertigkeit, Minerva. Ich habe genauso viele Ereignisse für die Zukunft errechnet wie es solche in der Vergangenheit und in der Gegenwart gegeben hat. Auf diese Art und Weise wird in allen Regionen und im weiteren Verlauf der Zeit die Zukunft erkannt werden können, und zwar genau so, wie sie hier aufgeschrieben steht. Es muss nicht misstraut werden, denn es gibt keine Übertreibung.

In dieser Einleitung beschreibt Nostradamus den Grundton seines Werks, vor allen Dingen aber grenzt er seine Prophezeiungen zeitlich ein. Da der Brief an König Heinrich eigentlich als Einleitung zu den Centurien VIII, IX und X gedacht war, können wir also davon ausgehen, dass vor allem diese letzten drei Teile sich auf die Jahre von 1585-1606 beziehen. Der Beginn des 7. Jahrtausends muss nach Nostradamus´ Berechnungen um das

Jahr 2200 herum liegen, aber das wird er in einer späteren Passage des Briefs noch näher erläutern.

In diesem Abschnitt fällt aber zunächst die Bemerkung auf, die „Feinde Jesu Christi“ würden Überhand nehmen. Wenn man ein wenig das heutige Zeitgeschehen verfolgt, dann stellt man fest, dass sich diese Befürchtung längst verwirklicht hat: Nur noch 12% aller Franzosen sind praktizierende Christen! Viele Kirchen stehen leer, das Interesse an der christlichen Religion ist geschwunden. Aber es ist nicht so, dass der christliche Glaube einem anderen, „feindlichen“ Glauben weichen würde, sondern es handelt sich offenbar eher um eine allgemeine „Religionsmüdigkeit“. Wenn in unserer westlichen, kapitalistischen Gesellschaft nicht der „schnöde Mammon“ zum verehrungswürdigen Gott aufgestiegen ist, dann ist es eher so, dass „Minerva“, die nicht nur Göttin der Kunstfertigkeit sondern auch der Weisheit und des Handwerks war, unsere vernunftgelenkte Welt steuert.

Es liegt noch ein anderer Schwerpunkt auf dieser Passage, nämlich das Verhältnis zwischen Vergangenheit und Zukunft. Nostradamus glaubt sehr stark daran, dass sich im Laufe der Geschichte die meisten Dinge wiederholen, so wie sich ja auch Sternenkonstellationen in regelmäßigen Zyklen wiederholen. Deshalb werden uns viele Dinge, die uns in den Quatrains begegnen, an Geschehnisse aus der Vergangenheit erinnern.

Ein Geleitwort an die Zweifler

Sicherlich, man sagt für gewöhnlich: "Was man über die Zukunft sagt, ist nicht von unumstößlicher Wahrheit". Es ist wahr, mein König, diese natürliche Begabung habe ich von meinen Vorfahren geerbt. Doch ich würde es mir nie anmaßen, mich mit der Wahrsagerei zu brüsten. Ich kombinierte dann diese natürliche Begabung mit dem Ergebnis meiner langwierigen Berechnungen - und sie stimmten überein! Ich machte mich frei, in Seele, Geist

und Herz, von allen Zweifeln und Sorgen und schlechten Stimmungen, und ich zwang die Gedanken zur Ruhe. Doch alle Voraussagungen und abgestimmten Berechnungen gehen letztendlich auf die Prophezeiungen zurück.
Es mag viele geben, die mir vorwerfen werden, das, was ich niedergeschrieben habe, sei wertlos. Doch der ewige Gott allein schaut den Menschen ins Herz, sanft, gerecht und barmherzig. Er ist der wahre Richter. Ich bete zu ihm, dass er mich verteidige gegen die Schlechtigkeiten der bösen Zungen. Es sind genau die gleichen, die in übler Absicht herausfinden wollen, warum ihre Ahnen, die französische Könige wurden, die Skrofulose heilen konnten und warum Könige anderer Stämme Schlangenbisse heilen und andere Könige weissagen konnten.
Auch solche werden sich nicht zurückhalten können, die den boshaften Charakter des bösen Geistes, der sich durch die gesamte Geschichte zieht, nie erkennen werden. Nach meinem Tod wird meine Schrift mehr Aufsehen erregen als zu meinen Lebzeiten, auch wenn vielleicht einige meiner Berechnungen bezüglich der Jahrhunderte falsch gewesen sein sollten oder wenn meine Prophezeiungen nicht das enthalten, was die meisten zu hören wünschen. Eurer königlichen Majestät mag es gefallen, mir zu vergeben. Ich bezeuge hiermit vor Gott und den Heiligen, dass es nicht in meiner Absicht liegt, durch diesen Brief etwas zu tun, das dem wahren katholischen Glauben zuwider liefe, denn ich habe mein Wissen durch astronomische Berechnungen ergänzt.

In dieser Passage ist das zentrale Thema der Zweifel. Nostradamus betont hierbei, dass er selbst Zweifel gehabt hat an seinen Visionen, und dass er sie ja gerade deshalb durch astronomische Berechnungen gestützt hat. Und immer wieder nennt er Gott als die letzte Instanz, die ihm die Visionen gegeben hat und die letztendlich dafür zuständig ist, über ihn zu urteilen, und nicht die anderen Menschen. Es ist natürlich eine sehr geschickte Verteidigung, die er hier anwendet, aber sie ist auch vonnöten wegen des brisanten Inhalts. Nicht zuletzt deshalb ist auch die Tatsache, dass er sein Werk dem König widmet, eine Art Treuebeweis.

Zum zweiten Abschnitt muss eine Erklärung gemacht werden: Nostradamus unterstellt denjenigen böse Absichten, die über die magischen Kräfte der Könige forschen wollen. Es war Mittelalter in Frankreich üblich, dass ein neuer König nach seiner Krönung den Skrofulose-Kranken seine Hand auflegte. Die Skrofulose war eine damals sehr verbreitete, schleichende Art von Tuberkulose, die heute nur noch sehr selten ist. Auch in anderen Ländern war es üblich, dass der König durch solche Taten, bei denen häufig Kranke geheilt wurden, seine Legitimation als König unter Beweis stellte: Es bewies dem Volk, dass Gott dem König gewogen war und ihm seine allmächtige Gewalt in die Hand legte. Diesen „göttlichen" Gnaden aber nachzuforschen und eventuell das Gegenteil beweisen wollen, wäre nach den Gesetzen der katholischen Kirche und damit auch nach Meinung des Nostradamus natürlich schlimmste Gotteslästerung.

Die erste Berechnung des Weltalters

Die Zeitrechnung seit unseren biblischen Vorfahren, die vor uns lebten, sieht folgendermaßen aus: Adam, der erste Mensch, lebte etwa 1242 Jahre vor Noah. Diese Zeiten berechnete ich nicht nach den Angaben der Ungläubigen, wie sie zum Beispiel Varro aufgezeichnet hat, sondern nur nach der Heiligen Schrift und nach der Nachprüfung durch astronomische Berechnungen, sofern mein schwacher Geist sie richtig hat anfertigen können.

Etwa 1080 Jahre nach Noah und der Sintflut kam Abraham, der selbst ein hervorragender Astrologe und Begründer der chaldäischen Wissenschaften war. 515 oder 516 Jahre später kam Moses auf die Welt. Von Moses bis zur Zeit Davids vergingen ungefähr 570 Jahre. Und zwischen David und der Geburt unseres Messias und Erlösers Jesus Christus, geboren von der einzigartigen Jungfrau Maria, vergingen nach der Ansicht mehrerer Geschichtsforscher nur 1350 Jahre.

Man mag die Richtigkeit dieser Berechnungen anzweifeln, denn sie sind nicht in Einklang mit den Angaben des Eusebius von Cä-

sarea. Doch fahren wir fort: Von dem Zeitpunkt der Erlösung der Menschheit bis zum fürchterlichen Aufstand der Sarazenen verflossen 621 Jahre. Nun kann man einfach weiter errechnen, wie viel Jahre seitdem vergangen sind und ob meine Voraussagen für alle Völker zutreffen und ob sie wertvoll sind oder nicht. All dies ist errechnet worden anhand des Laufs der Sterne, nach der Überprüfung der gefühlsmäßigen Inspirationen, und aus den vererbten Fähigkeiten meiner Vorfahren.

Doch die rauen Zeiten, erhabenster König, erfordern es, dass diese Ereignisse höchstens in verschlüsselter Form veröffentlicht werden dürfen. Trotzdem ist ihnen nur ein einziger Sinn zu Eigen und eine einzige richtige Aussage, ohne dass durch die Berechnungen etwas Zweideutiges dazugekommen wäre.

In Verdunkelung und Vernebelung, so ist es die Natur der natürlichen Inspiration, so kommen die Prophezeiungen doch dem Spruch nahe, den einer der 1002 Propheten getan hat, die seit der Schöpfung der Welt von Gott geschickt wurden: „Ich will meinen Geist ausgießen über alles Fleisch, und eure Söhne und Töchter werden prophezeien". Solche Weissagungen entspringen dem Mund des Heiligen Geistes, der die ewige und allmächtige Gewalt vertritt. In tiefer Verbindung mit dem göttlichen Geist haben viele Menschen bereits viele große Ereignisse und Wunder vorhergesagt.

Ich dagegen möchte mir diesen Titel nicht anmaßen, denn dies könnte Gott missfallen. Ich bezeuge aber, dass alles, was ich niedergeschrieben habe, von Gott ausgeht. Ihm schulden wir Dank, Gehorsamkeit, Ehre und Lob in alle Ewigkeit. Ich habe nichts von der Wahrsagerei hinzugefügt, die das Schicksal als feststehend betrachtet. Der natürliche Verlauf der Dinge liegt vielmehr in Gottes Hand. All dies geht Hand in Hand mit den Sternenbahnen, man kann in ihnen, wie in einem Brennspiegel, wie in einer nebelhaften Erscheinung, alle Ereignisse sehen, die durch die Anführer der Zivilisation ausgelöst werden: die großen und traurigen, die fürchterlichen und die gewaltigen.

In dieser langen Passage führt Nostradamus die Berechnung durch, die für ihn die zeitliche Grundlage liefern. Er schreibt immer nur „ungefähr“ und weiß sehr wohl, dass die Angaben in der Bibel sehr ungenau sind. Da er jedoch nie anzweifeln würde, dass alles, was in dem „Buch der Bücher“ steht, die reine Wahrheit ist, verweist er auf den Kirchenhistoriker Eusebio de Cäsarea, der übrigens der Erste seiner Art war. Nostradamus selbst kommt zu zwei unterschiedlichen Ergebnissen, was die Dauer der Menschheitsgeschichte betrifft: Entweder 4757 oder 4173 Jahre sind es nach seinen Berechnungen von Adam und Eva bis zur Geburt Jesu.

Er betont außerdem im letzten Abschnitt noch einmal, dass er seine Prophezeiungen nicht als „feststehende Ereignisse“ betrachtet. Er glaubt nicht an das Schicksal, das schon vorher festgelegt ist, das wäre für ihn die Art Voraussagungen, wie man sie in Horoskopen findet und die den Menschen vor fertige, unabwendbare Tatsachen stellen. Solche „Weissagungen“ würden seiner Ansicht nach den Menschen aber überhaupt nicht helfen. Er vertraut fest darauf, dass viele der Schicksale, die er in seinen Visionen gesehen hat, abzuwenden sind, „wenn Gott es so will“.

Die Dekadenz der Macht und die Kriege des 20. Jahrhunderts

Als Erstes brechen sie über Gottes Kirchen herein. Dann wird durch die Vertreter der weltlichen Macht eine solche Dekadenz herrschen und Tausende anderer schlimme Dinge werden eintreffen, dass jeder sehen wird, worauf dies hinausläuft. Dann wird sich Gott der schon lange andauernden Unfruchtbarkeit der großen Dame annehmen, und sie wird zwei Königskinder empfangen. Sie wird in Gefahr geraten. Diejenige, die an ihrer Seite steht, wird im Alter von 18 Jahren in Lebensgefahr geraten, durch den Leichtsinn ihres Alters. Sie wird nicht älter als 36 Jahre werden und drei männliche und ein weibliches Kind zurücklassen. Auch diejenige, die nie zuvor empfangen hat, wird zwei Kinder bekommen, sie werden den selben Vater haben.
Die drei Brüder werden in große Streitigkeiten geraten, aber sie werden sich versöhnen und sich vereinen. Ja, sie werden so eng zusammenhalten, dass drei und vier Teile Europas in Angst leben werden. Der Jüngste wird die christliche Herrschaft festigen und erweitern. Viele Sekten werden entstehen und schnell wieder untergehen. Die Muslime werden ferngehalten, Königreiche werden vereinigt und neue Gesetze erlassen.
Der erstgeborene der Kinder wird die gekrönten Feuerlöwen ergreifen, die ohne Furcht ihren Schmuck und ihre Waffen tragen. Der Zweite wird voranstürzen, ihn werden die Lateiner begleiten, und der zweite Trupp wird den Berg Jupiters zum Zittern und Rasen bringen. Er wird hinabsteigen, um auf die Pyrenäen hinaufzusteigen. Die alte Monarchie wird nicht mehr in seine Hände gelegt.
Zum Dritten Mal wird die Erde mit menschlichem Blut überschwemmt werden. Mars wird sich nicht lange zurückhalten. Die Tochter wird auf dem Altar der christlichen Kirche geopfert werden, denn ihre Macht wird sie verlieren zu Gunsten von heidnischen Kulten. Zwei Kinder werden ihrem Schoße entwachsen, ein Gläubiges und ein Ungläubiges. Sie sollen der Kirche zu neu-

er Macht verhelfen. Das zweite Kind ist sehr verwirrt und will die Kirche vernichten; erst spät wird es seine Taten bereuen.
Drei Regionen, deren Grenzen nicht aneinanderstoßen, werden sich finden. Folgende Völker heißt es zu beachten: Römer, Germanen und Spanier. Sie werden unterschiedliche Gruppierungen gründen, vor allem militärische, auf dem 50. und 52. Breitengrad. Die Menschheit wird vom europäischen Glauben abrücken und sich an anderen Religionen orientieren. Nördlich vom 48. Breitengrad, wird man beginnen zu zittern vor Angst und Verzagtheit. Dann wird auch der Rest zittern: der gesamte Westen, der Mittelmeerraum und der Osten. Der neue Glauben wird sie so stark in der Macht haben, dass ihr Einfluss unerträglich wird, den sie durch Pakte und Bündnisse gewonnen haben. Sie werden von ihrem Wesen her gleich sein, aber ihr Glaube wird sich sehr voneinander unterscheiden.
Dann wird die unfruchtbare Dame viel mehr Macht auf sich vereinen als die Zweite. Sie wird von zwei Völkern aufgenommen werden. Eines, das unter einem Diktator zu leiden gehabt hat und ein Zweites und ein Drittes, das sich nach Osten bewegen und seinen Einflussbereich bis nach Ungarn ausdehnen wird. Die Ungarn werden von ihr besiegt und unterdrückt werden. Über das Meer wird sie kommen und bis nach Sizilien, Griechenland und Deutschland kommen und alles unterwerfen. Die internationale Partei der Barbaren wird in arge Bedrängnis geraten und verjagt werden.

Der Großteil dieser Voraussage scheint genau auf den Verlauf des 20. Jahrhunderts zuzutreffen. Vor allen Dingen Italien, Spanien und Deutschland werden genannt als Vorreiter eines neuen, heidnischen Glaubens, die von ihrem Wesen her aber sehr unterschiedlich sein werden. Genau dies ist während der Zeit des Faschismus geschehen. Der 50. und 52. Breitengrad durchqueren genau die Mitte Deutschlands, was ein deutlicher Hinweis ist auf die gewaltige Aufrüstung während der Hitlerzeit, die den zweiten Weltkrieg vorbereitet hat.

Der 48. Breitengrad dagegen verläuft wenig südlich von Paris. Und tatsächlich hatte die französische Regierung 1940 sehr verzagt reagiert: Man ließ sich von den Deutschen überrennen, und die Vertreter der Dritten Republik kollaborierten mit den deutschen Besatzern. Ein Thema, das auch heute noch in Frankreich zu den schwärzesten Kapiteln der neueren Geschichte zählt. Über die Bedeutung der großen unfruchtbaren Dame hat es viele Spekulationen gegeben. Viele Nostradamus-Deuter setzen sie mit Frankreich gleich. Aber das entspricht nicht Nostradamus´ Vorgehensweise. Die große unfruchtbare Dame muss etwas Abstrakteres sein. Dem Einfluss nach, den sie nach dem II. Weltkrieg auf Europa hat, können mit ihr die Vereinigten Staaten von Amerika gemeint sein, deren Wahrzeichen ja die „Statue of Liberty" ist. Und eine Statue ist von ihrem Wesen her natürlich unfruchtbar.

Dies ist umso wahrscheinlicher, als Nostradamus ausdrücklich betont, dass seine Voraussagen für Europa, und am Rande auch für Asien und Afrika gültig sind. Daher wird sich nie eine Voraussage auf Amerika als Land oder Volk beziehen. Er braucht also ein anderes Bild, um Amerika darzustellen, denn die USA haben ja einen enormen Einfluss auf das Geschehen Europas unserer Zeit! Infolge ihres Einflusses auf das gesamte Weltgeschehen haben sie auch stets ein Gegengewicht gebildet zu den Warschauer-Pakt-Staaten, sie haben die „Kommunistische Internationale" tatsächlich in arge Bedrängnis gebracht, bis sie schließlich von selbst ihre Macht von innen heraus verlor.

Nicht nur der Ostblock und die übrigen sozialistischen Staaten, sondern auch die Golfstaaten zittern unter dem militärischen Übergewicht der USA, dies drückt Nostradamus aus, wenn er sagt: „Die Muslime werden vertrieben" (von IHR). Das Bild der „Unfruchtbaren Dame" kann aber auch noch allgemeiner gemeint sein, nämlich wenn man diese Statue genau beim Namen nimmt: Die Freiheit.

Nach all diesen Überlegungen scheint es auch sehr wahrscheinlich, dass die „Dritte Überschwemmung mit Menschenblut“ schon stattgefunden hat, nämlich der Zweite Weltkrieg, nach dem Ersten Weltkrieg und im Jahrhundert davor die napoleonischen Kriege. Diese kann man genauso in die Aufeinanderfolge der Weltkriege einreihen, denn Napoleon hatte ebenso ganz Europa und auch Nordafrika mit Krieg heimgesucht, also die damals bekannte „Welt“ mit Blut überschwemmt.

Der Antichrist und der Retter

Und dann wird das große Imperium des Antichristen in Arda entstehen. Mit einer gigantischen, unabsehbar großen Armee wird Zersas heranstürmen. Dies wird so schlimme Folgen haben, dass die Menschen fliehen werden vor dem Heiligen Geist, der am 24. Breitengrad erscheinen wird. Die Grausamkeiten des Antichristen werden die Leute in die Flucht schlagen. Er wird Krieg führen gegen den König, der zum großen Verteidiger der Christenheit wird und gegen die Kirche. Er wird zu einer Zeit kommen, die ihm gewogen ist. Dies wird vorher durch eine Sonnenfinsternis angekündigt werden. Sie wird die düsterste und schwärzeste sein, die die Welt gesehen hat seit ihrer Erschaffung bis zum Tod Jesu Christi und von da an bis heute.
Im Oktober darauf werden große Verschiebungen stattfinden. Sie werden so schlimm sein, dass es scheint, die Erde sei von ihrem Kurs abgekommen und in die Tiefen des Weltalls geschleudert worden. Im Januar/Februar vorher und auch nachher werden ungeheure Veränderungen in den einzelnen Ländern geschehen, die Gründe dafür sind ein großes Erdbeben sowie die Erstarkung der Macht der üblen Tochter, des neuen Babylons, die wachsen konnte nach den Schrecknissen des ersten Holocaustes. Länger als 73 Jahre und sieben Monate wird ihre Herrschaft nicht andauern können.
Und dann wird einer hervorkommen aus dem lange Zeit unfruchtbaren Stamm, er wird auf dem 50. Breitengrad geboren

werden, und er wird die ganze christliche Kirche erneuern. Friede und Eintracht wird unter den Menschen herrschen, die vorher abgegrenzt und durch Gefangenschaft verwirrt worden waren. Die Regierungen der einzelnen Länder werden diesen Frieden so fest verankern, dass die Kräfte, die den Krieg fördern wegen unterschiedlicher Ansichtsweisen, erfolgreich in Schach gehalten werden. Das Reich des Tollwütigen, der sich für einen Weisen ausgab, wird vereinigt werden.

Die letzte Zeile wird sich sicherlich auf Deutschland beziehen, und wenn die Aufzählung der Ereignisse in der richtigen Reihenfolge erfolgt, dann haben wir allen Grund aufzuatmen, zumindest, was den Frieden in Europa anbelangt. Die „üble Tochter" ist von vielen Nostradamus-Interpreten als Sowjetrussland identifiziert worden. Das kommt zumindest von der Herrschaftszeit genau hin, von 1917 bis 1990 sind es genau 73 Jahre. Auch die Vorgeschichte stimmt: Die Revolution im Oktober und die vorhergehenden Erhebungen im Frühjahr fanden 1917 statt. Eine nähere Betrachtung der historischen Ereignisse findet sich im Kapitel „Prophezeiungen, die Geschichte wurden".

Zu Beginn dieses Abschnitts beschreibt er Ereignisse, die im Nahen Osten vor sich gehen werden oder schon gegangen sind. Es ist gut möglich, dass die Reihenfolge der Ereignisse ein wenig vertauscht ist, denn sie überschneiden sich zeitlich. Die „Arda" ist ein kleiner Grenzfluss zwischen Bulgarien und der Türkei. Der Name „Zersas" sieht dem antiken persischen Kaiser Xerxes zum Verwechseln ähnlich, es scheint sich also um einen Herrscher aus dem Gebiet des heutigen Iran zu handeln.. In jedem Fall werden sich die beschriebenen Ereignisse wohl auf den Nahen Osten beschränken.

Der 24. Breitengrad ist übrigens genau neben dem nördlichen Wendekreis gelegen, dort, wo sich die größten Wüsten der Erde befinden. An größeren Städten befinden sich dort die Saudi-Arabische Hauptstadt Ar Riad oder das bengalische Dhaka. Wegen der sehr weiten Entfernung dieser Städte - und selbstverständlich dieses Breitengrades überhaupt, wird uns die wundersame Erscheinung des Heiligen Geistes in dieser Region wohl vorenthalten bleiben.

Die Dekadenz der Kirche und ihre Erneuerung

Die Ansiedlungen, Städte, Gebiete und Provinzen der Feinde, die erst vom (rechten) Wege abgekommen waren, um die Freiheit zu suchen, haben sich dadurch in noch schlimmere Gefangenschaft gebracht. Sie werden ihre Freiheit fallen lassen und zur Rechten zurückkehren, nachdem sie ihre eigene Religion vollkommen verloren und sich von der linken Partei losgerissen haben. Das Heiligtum, das lange unterdrückt worden war, wird wiederhergestellt und mit seinen ehemaligen Rechten wiederausgestattet.
Dann wird der große Hund erscheinen, der riesige, schmutzige Hund, der, wo er auch hintritt, Vernichtung sät, sogar an den Orten, die schon am Boden sind. Die Kirchen werden wieder aufgebaut, so, wie sie ursprünglich waren, und die Priester werden wieder in ihre Ämter zurückkehren. Doch der Zweite Stand wird wieder beginnen, nach weltlichen Genüssen zu trachten, dem Luxus anheim zu fallen und tausend weitere Sünden begehen. Dies ist der Vorbote für das nächste Unheil. Denn wenn sie auf dem Höhepunkt an Erhabenheit und Würde angelangt sind, werden die Staatsoberhäupter und die Armeen ihre Waffenarsenale aufstocken. Die Kirche wird ihrer beiden Schwerter beraubt. Nur die äußeren Zeichen bleiben ihr. Mit ihrer Hilfe und mit einer attraktiven Verneigung wird das Volk in die richtige Richtung gelenkt werden.
Aber sie will sich nicht mit denen auf eine Stufe begeben, deren ausgemergelte Hände am anderen Ende der Welt auf den Boden herabhängen. Und das ruft einen großen Unwillen hervor, bis schließlich der Befreier geboren wird, der aus einem Zweig hervorgeht, der lange Zeit unfruchtbar war. Er ist wohltätig und

wird die Menschen bereitwillig von der Unterdrückung befreien. Mars wird ihn schützen, und er wird Jupiter seiner Herrlichkeit berauben und keine Würde mehr an ihm lassen. Dies geschieht im Interesse einer freien Stadt, aus einem anderen kleinen Land Mesopotamien.

Hier befinden wir uns am Übergang von der Vergangenheit in die Zukunft. Mit dem Untergang der sozialistischen Großmächte, bzw. mit deren Abbröckeln, wenn man die verbleibenden Staaten China, Nordkorea und Kuba betrachtet, ist die Religionsfreiheit formal wieder hergestellt. Dennoch befinden sich das Christentum und das Papsttum in der Krise, vor allem in den westlichen Industriestaaten. Der „Zweite Stand", die Klasse der Geistlichen, ist unglaubwürdig geworden und wird längst skeptisch beäugt. Was da noch unserer harren mag, ist vorerst ungewiss. Was mag sich hinter dem großen schmutzigen Hund verbergen?

Dieser Abschnitt ist auch derjenige, in dem Nostradamus am heftigsten die Kirche kritisiert, und das war für seine Zeiten ein großes Risiko! Er sagt „Nur die äußeren Zeichen bleiben ihr", sie hat ihre Inhalte längst über Bord geschmissen und besteht nur noch als leere Hülle, die von Machthabern aufrechterhalten wird! Nur noch äußerliche Zeremonien, aber die wirklichen Ziele, die durch Christus vorgegeben sind, vergisst sie.

Dies wird sich offenbar rächen - und zwar durch Krieg. Wie anders ließe sich erklären, dass der „Befreier" unter martialischem Stern steht? Wir dürfen auch gespannt sein, welches das „andere kleine Land Mesopotamien" sein wird, denn die griechische Wortzusammensetzung „Meso - Potamien" bedeutet nichts anderes als „zwischen den Flüssen".

Der Zustand der Anarchie und die „große Seuche"

Das Oberhaupt, das ein Vertreter ist, wird mitten herausgerissen und an einen Ort in der Luft gebracht. Die Verschwörung mit dem zweiten Thrasybulos, der alle Vorbereitungen traf, hatte er nicht bemerkt. Der gemeine und hinterhältige Charakter des Unglücks wird sich dann deutlich zeigen. Offenbar gehen sie von der dunkelsten Ecke der verdunkelten Sonne aus. Wenn seine Regierungszeit zuende geht, wird auch dies aufhören. Die Oberhäupter der Kirche werden nicht Gottes Liebe vermitteln können. Viele von ihnen werden den rechten Glauben aufgeben.

Drei Sekten werden entstehen, und die in der Mitte liegende wird durch ihre eigenen Priester der Dekadenz anheim fallen. Die Erste wird sich in ganz Europa durchsetzen. Die Dritte wird einen großen Teil Afrikas ausrotten, und dabei werden ihr die helfen, die arm im Geiste sind, und die sich der anderen Seite zugewandt haben, weil die Sinnlosigkeit und die hemmungslose Lüsternheit zugenommen haben. Das Volk wird sich erheben und die Gesetzgeber und ihre Anhänger erfolgreich und dauerhaft vertreiben. Offenbar sind die Regierungen zu sehr von den Orientalen geschwächt, es scheint, als hätte der allmächtige Schöpfer den leibhaftigen Satan aus dem ewigen Feuer der Hölle losgelassen, um Gog und Mogog in die Welt zu bringen. Diese beiden werden eine solche Zwietracht zwischen den Kirchen säen, dass niemand mehr weiß, wie alles angefangen haben wird. Weder die Roten, noch die Weißen, die in Blindheit und Handlungslosigkeit verharren. Und dann wird die Kirche verfolgt werden, wie sie noch nie zuvor verfolgt worden war.

Eine Pest wird die Welt heimsuchen, von einem solchen Ausmaß, dass von drei Teilen der Welt zwei ihr Leben lassen werden. Es wird so fürchterlich sein, dass man zwischen den Feldern und den Häusern keinen Unterschied mehr sehen wird. In den Städten wird das Gras auf den Straßen höher als bis über die Knie wachsen. Die Priester werden vollkommen verzweifeln, und die Soldaten werden alles tyrannisieren, was übrig geblieben ist von der Sonnenstadt, von Malta und von den Hyèren - Inseln. Die große Kette vor dem Hafen, der dank eines Seestiers überlebte, wird aufgeschlossen werden.

Dieser Teil erfordert einige Erklärungen, denn Nostradamus lässt viele Gestalten aus der Bibel und der Antike hier erscheinen, um die über uns hereinbrechenden Übel zu beschreiben. Thrasybulos war ein athenischer Feldherr und Demokrat, der im 5. Jahrhundert v.C. lebte. Nachdem er den Staatsstreich von einigen Oligarchen verurteilt hatte, wurde er verbannt. Er putschte nun seinerseits und stürzte nach der Eroberung des befestigten Grenzorts Phyle die dreißig Tyrannen. Er war also ein sehr mächtiger Feldherr, der seine Ziele mit Gewalt durchsetzte.

Im Grunde beschreibt Nostradamus in diesem Abschnitt einen Zustand der Anarchie, nämlich der Herrschaftslosigkeit. Das Volk ist der ständigen Gängelei durch die Vertreter des Volkes und der Kirche müde, und es entschließt sich, seine Geschicke selbst in die Hand zu nehmen. Das ist ja an sich ein guter Vorsatz, der Seher erinnert uns immer wieder daran, dass nur wir selbst für unser Handeln verantwortlich sind.

Aber das Problem, das die Massen bewegt, ist ihre Orientierungslosigkeit. Die „Sinnlosigkeit“, die „hemmungslose Lüsternheit“, die in Chaos und Gewalttätigkeit endet. Auch diese Phänomene kommen uns bekannt vor. Die Menschen in den Vorstädten der großen Metropolen verrohen, die Gewalttätigkeit und die Jugendarbeitslosigkeit nehmen zu, und gleichzeitig verlieren die Politiker sämtlicher Parteien an Glaubwürdigkeit. Dieses Phänomen ist nicht nur in Deutschland oder Europa zu beobachten, sondern in fast allen Industrieländern der Welt. Wenn man Nostradamus Glauben schenken darf, werden diesbezüglich schwere Zeiten auf uns zukommen, und auch die Kirche wird sich sehr gründlich mit dem Problem ihrer Glaubwürdigkeit auseinander setzen müssen.

Der letzte Abschnitt ist oftmals von Nostradamus-Interpreten vor allem der siebziger und achtziger Jahre als Voraussage für den Atomkrieg gesehen worden. Eine „große Seuche", die zwei Drittel der Menschheit vernichten wird, und Häuser, die dem Erdboden gleichgemacht sind, das weist natürlich auf eine ungeheure Gewalteinwirkung hin. Und da Nostradamus noch nicht das Wesen der Radioaktivität kannte, ist es verständlich, dass er die Deformierungen der verstrahlten Menschen eher auf eine Seuche zurückführte als auf einen militärischen Angriff! Auch wenn nun die Gefahr eines Atomkriegs zwischen dem Ost- und dem Westblock gebannt scheint, so existieren dennoch weiterhin Waffen, die solche Szenarien auslösen könnten. Laut Nostradamus wird es auf kurz oder lang auch zu ihrem Einsatz kommen. Er macht allerdings keine Angabe über den Zeitpunkt dieses grauenhaften Geschehens.

Gog und Mogog letztendlich ist ein Doppelname aus dem Alten Testament, Buch Apokalypse, 20,8. Er bezeichnet den Feind des Gottesvolkes in der endzeitlichen Schlacht, die zwölf Monate lang im Jerichotal geschlagen werden wird. Der Schwerpunkt dieser letzten Aussagen liegt auf dem Mittelmeerraum. Die „Sonnenstadt" bezeichnet in einem Vierzeiler die ägyptische Stadt Alexandria. Die Hyèren - Inseln liegen im westlichen Mittelmeer, Malta auf mittlerem Wege, offenbar wird diese Gegend das Zentrum der Auseinandersetzungen sein.

Die große Schlacht im Mittelmeerraum

Die Sarazenen werden das Kastulum eingenommen haben, und zu seiner Befreiung wird eine Invasion an den Küsten stattfinden. Nicht alle Angriffe werden im Sande verlaufen. Die Mitläufer der Jovialen werden die Stätte erobern, die einst Abrahams Heimat war. Und die Stadt Achem wird eingekesselt werden, ein bewaffnetes Heer, dreimal so stark wie sie selbst, wird sie angreifen, von allen Seiten. Ihre Flotte wird von den abendländischen Einheiten in die Knie gezwungen werden. Das gesamte Land wird verwüstet werden. Die Metropolen werden unbewohnbar werden. Wer versucht, sie zu betreten, wird von Gottes Zorn erschlagen. Viele Jahre lang wird das so hoch verehrte Grab unter dem endlosen Himmel und seinen Augen, Sonne und Mond, liegen. Die heilige Stätte wird benutzt werden als Viehstall und für weltliche Verrichtungen. Oh, wie sehr werden schwangere Frauen unter den Angriffen zu leiden haben!
Der Großteil des Heeres des östlichen Anführers wird vertrieben werden. Seine Kinder, die von verschiedenen Frauen geboren sind, werden eingesperrt, damit sich die Prophezeiung des königlichen Sehers erfüllt: „Damit er das Stöhnen des Gefesselten hört und die Söhne der Niedergemetzelten befreit". Was für ein Gewicht lastet auf den Schultern der Prinzen und Vertreter der Königreiche, sogar auf denen, die im Meer leben, und auf denen aus dem Osten! Ihre Sprachen haben sich durch die große Gesellschaft vermengt zu einer Mischung aus Italienisch und Arabisch. Dafür sind die Punier verantwortlich. Und ihre Herrscher werden verjagt und vernichtet werden, unter anderem von den Truppen des Adlerherrschers.

Er beschreibt den Verlauf des Krieges, der vor allem im Nahen Osten und im Mittelmeerraum stattfinden wird. Malta wird dabei eine Schlüsselrolle zukommen, denn die Sprache, die auf dieser Insel gesprochen wird, ist tatsächlich eine Mischung aus dem Italienischen und Arabischen. Der Hinweis darauf, dass die großen Städte unbewohnbar werden, der „Zorn Gottes" scheint wieder auf radioaktive Strahlung hinzuweisen. Moderne Atomwaffen, sog. Neutronenbomben, setzen ihre Energie nicht mehr hauptsächlich durch eine ungeheure Druck- und Hitzewelle frei, sondern sie töten vor allem durch Strahlung, während nur in etwa 200 Meter Umkreis des Bombeneinschlags alles verbrannt und vernichtet wird.

Es scheint, dass Jerusalem mit der Grabeskirche entvölkert wird, und dass sich in den Jahren, da alles verstrahlt ist, Tiere dort einnisten bzw. dass die Eroberer diesen Ort durch eine weltliche Nutzung entweihen. Die Folgen eines Atomkriegs für schwangere Frauen müssen ja wohl nicht näher dargelegt werden.

Und trotzdem geht das Leben weiter, das Leben und die Fehden und der Streit zwischen den Mächtigen dieser Erde. Es wird allerdings ein großes Gewicht auf ihnen lasten, ein Gewicht aus Schuld, Verantwortung und den gesamten Folgen des Atomkriegs. Vielleicht ist die Schlussfolgerung eines bevorstehenden Atomkriegs voreilig gezogen. Nostradamus selbst betont ja immer wieder, dass seine Prophezeiungen nicht das unabwendbare Schicksal darstellen. Und es ist ein Hoffnungsschimmer, dass der Kalte Krieg zwischen Ost und West durch immer wieder aufgenommene Verhandlungen und durch friedliche Revolutionen beendet worden ist. Offenbar sind die Menschen doch lernfähig, und in heutiger Zeit hat durchaus das Bewusstsein eingesetzt, dass in einem Atomkrieg niemand der Sieger sein wird. Bleibt zu hoffen, dass die Menschheit weiter in diese Richtung geht und die Vernunft über religiöse Streitigkeiten siegt!

Der „Adlerherrscher“ ist übrigens in den meisten Fällen Deutschland, da der Bundesadler ja das deutsche Wahrzeichen ist. Es kann aber auch jede andere Macht gemeint sein, die einen Adler im Wappen führt.

Ein Rückblick in die Geschichte und die zweite Berechnung des Weltalters

Nah an unserem Jahrhundert noch wird einer aus einer Dreierbande hinterhältig nach der Niederlage und dem Tod des anderen trachten. Es wird sieben Jahre dauern, bis das Triumvirat neu erschaffen wird. Und in dieser Zeit wird die ganze Welt den Namen der Partei erfahren. Das heilige Opfer der Eucharistie muss verteidigt werden. Die Orientalen werden dann besiegt werden von Zweien aus dem Land des Adlers. Solch ein Lärm und Wutgeheul wird ausbrechen, dass der gesamte Osten vor den Brüdern in Angst erzittern wird, aber sie sind nicht aus dem Land des Adlers.

Aus diesem Grunde, ehrwürdige Durchlaucht, habe ich die Voraussagen absichtlich verschleiert. Ich habe den möglichen Zeitpunkt der Ereignisse verschwiegen und auch, wann die betreffenden Personen erscheinen werden, denn was da kommt, wird sehr düster sein. So gut wie nichts mehr wird sich mit der Klasse der Herrschenden in Einklang bringen lassen. Mit Hilfe meiner astrologischen Berechnungen und auch mit anderen Mitteln, wie auch durch die Heilige Schrift, die niemals fehlen kann, hätte ich die Zeiten ankündigen können, die für die Erfüllung jedes Quatrains vorgesehen sind. Aber dies hätte der Menschheit nichts genützt. Und niemand möge versuchen, am Sinn der Prophezeiungen herumzudeuteln, es sei denn, Eure Majestät hätte eine Person eigenhändig dazu ermächtigt. Sonst könnten Irregeleitete die Gelegenheit nutzen, mir Böses anzudichten.

Um noch einmal auf die Berechnungen zurückzukommen, so gelange ich bei der Zählung der Jahre von der Schöpfung der Welt bis zu Noahs Geburt auf 1060 Jahre. Von da an bis zur Fertigstellung der Arche und der weltweiten Sintflut sind 600 Jahre vergangen. Ich bin mir nicht sicher, ob dies Sonnenjahre sind oder Mondjahre, oder eine Zehnermischung. Aber ich vertraue auf die Angaben der Heiligen Schrift, denn die hält sich an die Sonnenjahre. Sechs Jahre später betrat Noah die Arche, um der Sintflut zu entkommen. Diese überschwemmte die ganze Erde, ein

Jahr und zwei Monate lang. Vom Ende der Sintflut bis zu Abrahams Geburt waren es 295 Jahre, von da an bis zur Geburt Isaaks 100 Jahre, von Isaak bis Jakob 60 Jahre. 430 weitere Jahre verstrichen von seiner Ankunft in Ägypten bis zum Auszug der Israeliten aus dem Land. Und vom Auszug an verstrichen 480 Jahre, bis Salomon in seinem vierten Regierungsjahr den Tempel erbauen ließ. Schließlich fehlen noch 490 Jahre von diesem Zeitpunkt an bis zu Christi Geburt. Nach dieser Rechnung, ebenfalls nach den Angaben der Heiligen Schrift angefertigt, komme ich auf ungefähr 4173 Jahre und acht Monate.
Die Zeit von Christi Geburt bis heute, da die Kirche gespalten wird, lasse ich nun aus. Alle Prophezeiungen habe ich berechnet und nachgeprüft nach den Gesetzen der Abfolge ihrer Umkehrungen, selbstverständlich auch nach den astronomischen Methoden und im Vertrauen auf meine naturgegebene Veranlagung.

Zu Beginn scheint Nostradamus einen Rückblick zu tun ins 17. Jahrhundert, es handelt sich offenbar um den Konkurrenzkampf der größten europäischen Mächte, die damals schon um die Vorherrschaft in Amerika kämpften. Viel wichtiger aber an diesem Rückblick ist die Tatsache, dass Nostradamus die zukünftigen Geschehnisse nicht in chronologischer Reihenfolge erzählt, sondern dass er in den verschiedenen Zeitepochen „springt". Dies macht natürlich eine zeitliche Zuordnung schwierig. Aber er will und kann ja nun auch nicht alles unverschlüsselt darstellen, ein gewisser Schutzmechanismus muss ja erhalten bleiben.

Hier macht der Schreiber einen Einschnitt in der Zusammenfassung der kommenden Ereignisse. Es klingt fast so, als fühlte sich Nostradamus verpflichtet, sich beim König zu entschuldigen für die Visionen, die er niederschreibt. Schließlich muss er dem „von Gottes Gnaden" eingesetzten König die unangenehme Nachricht mitteilen, dass das Volk in der Zukunft keine Lust mehr haben wird, sich von erblichen Königen regieren zu lassen, und dass seine Klasse in Zukunft einen schweren Stand haben wird.

Außerdem führt er hier die zweite Berechnung des Weltalters durch, bei der er zu einem anderen Ergebnis kommt als vorher. Immerhin beträgt die Differenz zwischen den beiden Aufstellungen 584 Jahre! Es folgen nun komplizierte astrologische Berechnungen , die auf die Beschreibung des Jahres 1606 hinauslaufen. Wir sparen uns diesen Teil des Briefes und gehen direkt zu den Folgen dieses Jahres über.

Das Jahr 1606

Es wird ein ruhiges Jahr werden, und keine Sonnen- oder Mondfinsternis wird den Himmel verdunkeln. Obwohl nichts geschehen wird, das besonders nennenswert wäre, wird dennoch etwas seinen Anfang nehmen, das lange Bestand haben wird. Denn in diesem Jahr wird eine sehr intensive Verfolgung der katholischen Kirche beginnen, schlimmer, als sie in Afrika geschehen ist und die bis zum Jahr 1792 dauern wird. Dann wird eine Reform der Zeitrechnung eingeführt werden.
Dann wird das römische Volk sich erheben und die Dunkelheit verjagen, die es umgab. Es wird etwas von seiner früheren Größe wiedererlangen, doch wird dies mit viel Zwietracht und einschneidenden Veränderungen vor sich gehen. Venedig wird zu großer Macht aufsteigen; es wird die Flügel sehr weit spreizen und sich nicht darum kümmern, was Rom angeht. Segelschiffe aus Byzanz werden aufkreuzen. Sie werden sich mit den Aquitaniern und den Ligurern verbünden. Zwei Kreter werden ihnen im Weg stehen, weil sie untreu geworden sind. Die Triumphbögen, die von den Schützlingen des Mars erbaut wurden, werden in den Wellen Neptuns untergehen. Ein großer Konflikt wird im adriatischen Meer entstehen. Das, was zusammengeführt worden ist, wird wieder in Teile zerfallen. Von einer großen Stadt wird nur mehr ein Haus übrig bleiben. Das europäische Mesopotamien hat 45, die anderen 41, 42 und 37.
Um diese Zeit herum werden dort die Gegner der Kirche all ihre teuflische Macht gegen sie richten. Der neue Antichrist wird die

Kirche verfolgen und auch den Papst mit Hilfe von weltlichen Anführern, die aufgrund ihrer Unwissenheit dazu verleitet worden sind, von Zungen, die schneidender sind als ein Schwert in den Händen es Wahnsinnigen. Die Knute des Antichristen wird herrschen bis derjenige stirbt, der um die Jahrhundertwende auf die Welt kam. Zu seinem Herrschaftsbereich zählt unter anderem Lyon, und er wird Unterstützung bekommen von den Gesandten aus Modena, Bologna und Ferrara, das die gesamten ligurischen und adriatischen Küsten sowie Sizilien verwaltet. Er wird am Berge Jupiters vorbeikommen. Ogmium, der aus Gallien ist, wird von einer zahlreichen Schar begleitet, die sich aus allen Himmelsrichtungen zusammengefunden haben. Er wird sich vor das Kaiserreich stellen, das ihm seine Gesetze zu verdanken hat. Einige Zeit nachher werden die Verbrecher wahllos unschuldiges Blut vergießen. Dadurch werden sie sich ein wenig erhöhen, doch ihre Rechnung wird nicht aufgehen: Große Fluten werden über sie hereinbrechen und zahlreiche Verluste mit sich ziehen, darunter die Briefe, die gegen die Leute aus dem Land des Adlers gerichtet worden sind, gegen den Willen Gottes.
Satan wird diesmal in die Schranken gewiesen werden. Weltweit wird Frieden unter den Menschen sein. Jegliche Traurigkeit wird von der Kirche Jesu Christi abfallen, auch wenn die Azostanier durch ihre verwerflichen Verführungen Galle in den Honig zu mischen versuchen. Dies wird um das siebte Jahrtausend herum eintreten. Die Ungläubigen aus dem Land des Adlers werden aufhören, das Heiligtum Jesu Christi mit den Füßen zu treten.
Mehrere große Brandkatastrophen werden die Welt heimsuchen. Auch wenn diese sehr schlimme Folgen haben werden: Nach meinen Berechnungen wird das Zeitalter der Welt noch wesentlich länger dauern. In dem Brief, den ich einige Jahre zuvor an meinen Sohn César Nostradamus geschrieben habe, ist nicht ein einziger Punkt ohne Vorhersage geblieben. Hier jedoch, mein König, habe ich ein Zusammenfassung gegeben der Geschehnisse, die auf unsere Nachfahren zukommen werden.

Dieser Abschnitt fasst ein Sammelsurium an Voraussagen zusammen, die, wie er selber ja schon andeutet, ungeordnet sind. Einige können wir bereits aufklären, aber der große Rest wird sich erst in unserer Zukunft ereignen. Zu Beginn dieses „Kapitels“ beschreibt er also die Folgen des Jahres 1606 für die Menschheit. Er sieht in diesem Jahr den Ursprung der Bewegung, die letztendlich zur Französischen Revolution geführt hat. Damit setzt er die Entwicklung schon sehr früh an, denn eigentlich ist ja erst das 18. Jahrhundert bekannt als das Jahrhundert der aufklärerischen, freiheitlichen Ideen. Die Wahl des beginnenden 17. Jahrhunderts wird jedoch kein Zufall sein, fällt es doch zusammen mit den ersten unumstößlichen Beweisen eines neuen Weltbilds, ausgelöst durch die Entdeckungen Keplers und Galileis.

Die Entwicklung setzt sich fort bis zum Jahre 1792, dem Jahre „I“ der Republik. Im Oktober 1793 beschloss der Nationalkonvent die Einführung des Revolutionskalenders, nach dem der 22. September 1792, der erste Tag der Republik, zum Neubeginn des republikanischen Zeitalters und damit zum 1. Vendemiaire des Jahres I. erklärt wurde. Die Einführung dieses Kalenders war eine der antichristlichsten Maßnahmen, die während der Revolution überhaupt ergriffen wurden, und deshalb wird dieses Jahr eine besondere Bedeutung für Nostradamus gehabt haben.

Die Friedenszeit nach der Beschränkung Satans wird nach seinen Worten um das siebte Jahrtausend herum geschehen. Diese Rechnung hat unter den Nostradamus-Interpreten für viel Aufsehen gesorgt und hat viele unterschiedliche Meinungen hervorgebracht. Viele rechnen folgendermaßen: Nach der ersten Berechnung des Weltalters durch Nostradamus hat die Welt vor Christi Geburt 4757 Jahre existiert: Das macht ungefähr fünf Jahrtausende. Mit der Einführung der Zeitrechnung nach Christi Geburt beginnen sie neu zu zählen und rechnen dann: 5000 Jahre + 1999 Jahre = das Jahr 1999 als Beginn des siebten Jahrtausends. Diese Rechnung hinkt aber gewaltig! Nostradamus hat zwei unterschiedliche Längen für die Zeit vor Christi Geburt errechnet, und er legt sie beider ausführlich in seinem Brief an König Heinrich dar. Das bedeutet also, dass diese Jahre wichtig sind, und dass man nicht einfach pauschal 5000 Jahre rechnen kann bis zum Zeitpunkt von Christi Geburt, auch wenn von dort an eine neue Zeitrechnung erfolgt!

Es ist allerdings auffällig, dass Nostradamus den Zeitpunkt von Christi Geburt bis zu seinen Lebzeiten überspringt. Die verbleibende Zeit vom Jahr 1555 bis zum Tag des jüngsten Gerichts im Jahr 3797 umfasst 2242 Jahre. Damit wären 4757 + 2242 Jahre = 6999, also genau sieben Jahrtausende! Dies entspricht auch der biblischen magischen Zahl „7“. Es kann sich auch um eine willkürliche Datumsangabe handeln, die der strenggläubige Weissager sich setzt, denn nach der biblischen Legende hat Gott die Welt in sieben Tagen erschaffen, deshalb vielleicht legt er auch das Ende der Welt auf das siebte Jahrtausend. Die Voraussagen für das „siebte Jahrtausend“ werden sich jedenfalls nicht auf das Jahr 1999 beziehen. Diese Deutung entspringt wohl eher der Endzeitsehnsucht mancher Zivilisationsmüder. Das siebte Jahrtausend wird sich vielmehr, wenn man der ersten Rechnung folgt, im Jahre 2243 vollenden, wenn man eher der zweiten Rechnung Glauben schenken darf, erst im Jahre 2827. Und wenn man wie Nostradamus die Zeit bis 1555 auslässt, wird das siebte Jahrtausend erst im Jahre 3797 zu Ende gehen.

Und noch mehr Prophezeiungen

Aus den Vergleichen meiner astronomischen Berechnungen mit den Angaben der Heiligen Schrift lässt sich ersehen, dass es die Herrscher des Adlerlandes sind, die in Verbindung mit den Orientalen die Verfolgungen der Gläubigen auslösen. Sie wird etwa elf Jahre andauern, vielleicht auch weniger, denn der erste Herrscher des Adlerlandes wird sterben. Nachdem seine Jahre gezählt sind, wird sein südlicher Verbündeter seine Stellung einnehmen. Dieser wird die Christen noch schlimmer verfolgen, und zwar drei Jahre lang. Er wird einer militanten Sekte vorstehen, deren absolute Macht er verkörpert, und er wird das Volk verführen. Das auserwählte Volk Gottes und die, die nach den Gesetzen des Glaubens leben, werden gnadenlos verfolgt und gepeinigt. Alles wird vom Blut der wahren Frommen getränkt werden. Ein anderer blutrünstiger König seiner Zeit wird ihn und seine Anhänger mit Lobeshymnen rühmen: Mehr Blut unschuldiger Christen wird er trinken als Wein!

Dieser Herrscher wird unglaublich grausam gegen die Kirche vorgehen. Wie ein Wolkenbruch Wasser über die Erde gießt, so werden Kirchen und Straßen getränkt sein von menschlichem Blut. Sogar die Flüsse werden rot gefärbt werden. Auch das Meer wird sich rot färben durch einen Krieg, so wird es ein Anführer dem anderen mitteilen. Zur gleichen Zeit, und auch das Jahr darauf, wird eine grauenhafte Seuche sich ausbreiten, die noch schlimmer ist, da vorher eine Hungersnot geherrscht hat. Seit die Kirche Christi erstand, gab es noch nie ein so großes Elend. Es wird sich über das gesamte lateinische Gebiet erstrecken und auch bis nach Spanien reichen.

Der dritte Herrscher des Adlerlandes wird dann durch seinen Regierungschef über die Unzufriedenheit im Volk informiert. Er wird ein ungeheures Heer ausheben und die Zerstörungen seiner Vorfahren missachten, damit er den größten Teil einnehmen und sich untertan machen kann. Der Träger der magna cappa kehrt auf seinen früheren Thron zurück, jedoch ist er schwach und findet nicht zu seiner alten Macht zurück. Die Zerstörung des Al-

lerheiligsten durch die Heiden wird eine Wendung bringen. Die Heilige Schrift, bestehend aus dem Alten und dem Neuen Testament, wird verbrannt und vernichtet werden.
Der höllische Machthaber wird selbst die Macht des Antichristen einnehmen. 25 lange Jahre werden alle Königreiche, die christlichen und die der Ungläubigen, in Angst erzittern, allerdings zum letzten Mal. Die Kriege werden von ihrem Wesen her gefährlicher werden. Alle Gebäude, Häuser, Dörfer und Städte werden verwahrlosen, verbrennen und unter enormer Gewalteinwirkung dem Erdboden gleichgemacht werden. Die Frauen werden getötet werden, unter ihnen Jungfrauen und Witwen, und die kleinen Kinder, die man gegen die Mauern der zerstörten Dörfer schlagen wird. Satan wird so viel Unglück über die Welt bringen, dass sie fast vollständig vernichtet werden wird.
Kurz davor werden seltsame Vögel durch die Luft fliegen, „huy, huy" schreien. und wieder verschwinden. Viele Schläge werden niedergehen, bis die Regierungszeit Saturns zuende ist. Dann beginnt das goldene Zeitalter. Gott, der Erde und Himmel erschaffen hat, nimmt sich des Unglücks seines Volkes an und beschließt, Satan in die tiefsten Tiefen der Unterwelt zu verbannen. Er wird mit den Menschen einen Weltfrieden schließen, der fast tausend Jahre lang Bestand haben wird. Die Macht der Kirche aber wird zurückfallen in die Gewalt des Höchsten, und so wird alles zerbrechen.
Saturn, Jupiter, Mars und die anderen Himmelskörper beweisen, dass diese Voraussagen genau mit den Inhalten der Heiligen Schrift und den Zeichen am Himmel zu vereinbaren sind. In einigen Vierzeilern werden diese Dinge noch genauer beschrieben werden. Es hätte natürlich noch exakter und mit genaueren Angaben geschehen und in Zusammenhang gebracht werden können, jedoch sehe ich, gütiger König, dass einiges nicht vor der Zensur bestehen könnte. Darum werde ich meine Feder beiseite legen und mich zur Ruhe begeben. Viele Dinge werden sich, logischerweise, in nächster Zukunft ereignen. Doch wir wollen - und können - nicht alles dir in den Brief schreiben. Für ein ge-

wisses, grobes Verständnis mancher Dinge habe ich aber somit einige Ereignisse im Vorhinein angedeutet.

Es folgen noch die Schlussformel und das Datum: der 27.6.1558. Die hier beschriebenen Ereignisse scheinen in ferner Zukunft zu liegen, und dennoch kommen uns einige Passagen bekannt vor, vor allem die Stelle vom „auserwählten Volk", das in der Sprache der Bibel meistens die Juden bezeichnet und nicht die Christen. Vielleicht will Nostradamus damit die grausame Massenvernichtung der Juden durch das Naziregime beschreiben, er kann aber wegen der drohenden Zensur nicht andeuten, dass es sich in Wirklichkeit um die Juden handelt und nicht um die Christen. Schließlich dürfen wir nicht vergessen, dass Nostradamus aus einer jüdischen Familie stammt!

Das würde auch ziemlich genau passen, denn sowohl die Sowjetunion als auch Deutschland sind „Adlerländer", die Juden verfolgt hatten. In Italien und Spanien fand Deutschland zumindest faschistische Verbündete. Danach aber treffen die Voraussagen nicht mehr zu, was wohl auch auf die Ungeordnetheit des Textes zurückzuführen ist. Mit dem „Träger der magna cappa", des großen Umhangs, ist im Allgemeinen der Papst gemeint. Offenbar wird das Papsttum für einige Zeit ausgesetzt werden, und nach Jahren der Verlegung wird der Papst nach Rom zurückkehren, allerdings ohne die Kirche wirklich erneuern zu können.

Die danach geschilderten Ereignisse scheinen sich auf den großen Krieg im Mittelmeerraum zu beziehen, der in nicht allzu ferner Zeit stattfinden wird. Die Betonung auf das „Alte und das Neue Testament" liefert auch noch einen Hinweis darauf, dass Nostradamus nicht nur die Christen, sondern auch die Juden im Auge hat. Der große Krieg wird ca. 25 Jahre dauern und mit großem technischen Aufwand geführt werden. Dafür sprechen die Schilderungen der fürchterlichen Waffen, die die absolute Zerstörung bewirken, genauso wie die Jagdflieger, die mit einem schrillen Geräusch angeflogen kommen.

Diese Bilder kann man eindeutig einem bevorstehenden Krieg zuordnen - es sei denn, Nostradamus habe die Wirklichkeit mit den sehr real wirkenden Fernsehbildern verwechselt, und ihm sei eine Vision aus dem in den Achtzigerjahre so populären Abschreckungsfilm „The day after“erschienen. Das ist aber nicht sehr wahrscheinlich. Viele andere Voraussagen aber, vor allen Dingen solche, die sich auf die Religion beziehen, sind wesentlich schwieriger zu beurteilen. Denn hinter ihnen verbergen sich oftmals Versuche, die Wahrheit zu verstecken und der Kirche Zugeständnisse zu machen, um die Zensur zu umgehen. Nicht alle Angriffe gegen die Christen, die er sieht, sind wirklich handgreifliche Aktionen gegen die Kirche oder gegen die Europäer, das zeigt sich vor allem, wenn Nostradamus den Zustand der Anarchie beschreibt. Für den Seher werden der Faschismus und der Kommunismus, aber genauso der Kapitalismus „Sekten“ sein, die sich an Stelle der christlichen Weltordnung gesetzt haben.

Nun ist die Spannung bestimmt gestiegen, mehr zu erfahren über unser zukünftiges Schicksal, und wie Nostradamus diese Ereignisse genau beschreibt. Bezwingen wir aber noch ein bisschen unsere Neugier, um erst einen Blick zu werfen auf die Prophezeiungen, die sich bereits erfüllt haben. Dies kann uns helfen, uns schon einmal an die Art und Weise zu gewöhnen, in der Nostradamus seine Verse verfasst. Wer aber direkt einen Sprung ins 21. Jahrhundert wagen möchte, der möge dies nur tun und direkt auf Seite 83 weiterlesen!

Prophezeiungen, die Geschichte wurden...

Viele der Prophezeiungen, die Nostradamus uns hinterlassen hat, sind bereits in Erfüllung gegangen. Wir wollen hier die Ereignisse, die eingetreten sind, in der Reihenfolge ihres Eintretens präsentieren.

Der Herzog von Alba erhebt sich gegen Papst Paul IV. Daraufhin entbrennt ein Krieg zwischen dem Herzog von Alba und dem Herzog von Guise (1557)

Le grand Duc d´Alba se viendra rebeller,
A ses grands pères fera le tradiment:
Le grand de Guise le viendra debeller,
Captif mené et dressé monnument

(VII,29)

Übersetzung:
Der große Herzog von Alba wird rebellieren
Und seinen „großen Vätern“ (= den Kirchenvätern) wird er Verrat bringen:
Der Große von Guise wird ihn in die Schranken weisen wollen,
Gefangener wird überbracht und es wird ihm ein Denkmal gesetzt.

Viele Übersetzer geraten in Verwirrung, wenn sie den Telegrammstil Nostradamus´ in eine zusammenhängende Strophe bringen wollen. Aber der Seher lässt die Bezüge absichtlich unklar. Jede Übersetzung der vierten Zeile als vollständiger Satz wäre eine große Kühnheit. Allerdings kann man den Satz vervollständigen, wenn die Ereignisse bereits eingetreten sind. Für bereits „historische“ Prophezeiungen wie die in diesem Kapitel vorhandenen wäre also eine „erläuternde“, die klaren Bezüge herstellende Übersetzung solcher unklaren Zeilen möglich. Zum historischen Hintergrund:

Zur Beendigung des Kampfes gegen Spanien 1557 plante der Herzog von Alba, der zu dieser Zeit Vizekönig von Neapel war, einen Aufstand Bewaffneter in Rom, der von dortigen Adeligen unterstützt worden war. Während der Truppenaushebungen gelang es dem Papst Paul IV jedoch, einen Brief des spanischen Gesandten abzufangen und den Plan zu vereiteln: Einen der spanischen Gesandten lässt er festnehmen, den großen Teil der Truppen lässt er abrüsten und den Rest exkommunizieren. Der Herzog von Alba versucht nun alles, um den Gesandten wieder frei zu bekommen. Er bietet dem Papst Verhandlungen über Verhandlungen an.

Da der Papst sich jedoch gegenüber den Bitten des Herzogs taub stellt, greift dieser zu drastischen Gegenmaßnahmen. Er sendet Truppen in Gebiete, die Teil des Kirchenstaates sind und nimmt diese in Besitz, „im Namen des Heiligen Stuhls und des künftigen Papstes“. Diese Provokation kann der Papst natürlich nicht dulden, und er wendet sich an Frankreich, um Unterstützung zu erlangen. Der Beschluss des Conseil de France, ihn zu unterstützen, bestärkt ihn noch in seinem Übermut, denn er hatte Felipe II, den damaligen König von Spanien, als einen „Rebellen gegen seinen Lehnsherrn“ bezeichnet und ihm unter diesem Vorwand das Königreich von Neapel genommen. Felipe brannte auf einen Krieg mit Frankreich.

Und so verzögerte sich der Austausch der Gefangenen, das Signal für den Waffenstillstand, um immer mehr Tage. Da holt der Herzog von Guise zum Gegenschlag aus: Er befehligt ein Heer über die Alpen und marschiert über Mailand bis nach Neapel. Alba war gegen diesen plötzlichen Angriff erst gar nicht gewappnet, jedoch profitierte er von vielen Fehlern, die dem Herzog von Guise unterliefen. Durch eine geschickte Taktik wich er dem Gegner aus, was dazu führte, dass sich das Heer des Franzosen aufrieb. Aller Ruhm dieses Feldzugs fiel somit dem Herzog von Alba zu- und damit haben sich alle Elemente der Prophezeiung erfüllt..

Der Tod des Antoine de Bourbon, König von Navarra (1562)

Le grand Antoine du nom de faict sordide,
De Phtyriase à son dernier rongé:
Un qui de plomb voudra estre cupide,
Passant le port d´esleu sera plongé

(IV,88)

Übersetzung:
Der große Antoine vom Namen von schmutzigen Tat
An seinem letzten Tag , von Ungeziefer
Einer, der nach Blei gierig sein wird
Am Hafen vorbeikommend, von denen hinabgestürzt, die ihn gewählt haben

An dieser Strophe wird noch einmal der Telegrammstil sehr deutlich, der so typisch für Nostradamus´ Werke ist. Die Bezüge sind nicht hundertprozentig klar zwischen den einzelnen Szenen, die sich abspielen. In der ersten Zeile zum Beispiel müssten sehr wahrscheinlich zwei Kommata ergänzt werden, sodass es hieße: „Der Große, Antoine vom Namen, von schmutziger Tat“. Es hat sich nämlich folgendermaßen zugetragen:

Antoine de Bourbon, König von Navarra, hatte lange Zeit mit den Protestanten sympathisiert. Der erzkatholische König von Spanien jedoch wollte ihn und damit das Königreich Navarra, das ja an der Grenze zu Frankreich lag, an sich binden, um das Reich zu einigen. Er verlangte einen Teil von Navarra für sich. Im Gegenzug versprach er Antoine das Königreich Sardinien. Diese Insel ist sehr reich an Bodenschätzen. Schon zu Zeiten der Römer wurden dort Silber, Zink, Eisen und vor allem Blei abgebaut. Kein Wunder also, dass der König von Navarra sich dies reiflich überlegte und schließlich das Angebot einging, galt ihm doch offensichtlich der Reichtum mehr als seine religiöse Überzeugung. Er wandte sich also vom Geist der Reformation ab und verpflichtete sich, auf der Seite der Katholiken Position zu beziehen.

Er fand den Tod während der Belagerung der französischen Hafenstadt Rouen, hervorgerufen durch eine eher geringfügige Verletzung, die sich dann aber infizierte und ihm den Tod brachte.

Don Juan von Österreich vor Lepanto (1571) und sein Kampf gegen die Aufständischen in den Niederlanden

Le grand Pilot sera par Roy mandé,
Laisser la classe pour plus haut lieu attaindre:
Sept ans après sera contrebandé
Barbare armée viendra Venise craindre

(VI,75)

Übersetzung:
Der große Pilot wird durch den König geschickt werden,
Er wird die Flotte verlassen, um einen höher gelegenen Ort zu erreichen:
Sieben Jahre später wird er gegen eine Bande kämpfen
Eine barbarische Armee wird kommen, Venedig zu fürchten

Nachdem am 1. August 1571 Zypern von den Türken erobert worden war, schlossen Venedig und Spanien auf die Initiative von Papst Pius V. einen „heiligen Bund". Sie „rächten" diese militärische Aktion der Türkei durch die berühmt gewordenen „Schlacht von Lepanto", in der sie die zahlenmäßig überlegene feindliche Flotte vernichtend schlugen. Die Ehre gebührte vor allen Dingen Don Juan von Österreich, der 1571 zum Befehlshaber der Flotte ernannt worden war. Da Don Juan auch schon 1570 bei der Niederschlagung des Aufstandes der Mauren in Granada erfolgreich gewesen war, wird er 1576 vom spanischen König Felipe II in die Niederlande geschickt. Dort sollte er die abtrünnigen Aufständischen befrieden. Im Januar 1578, also sieben Jahre später, gelingt ihm dies in der letzten Schlacht in der Ebene von Gembloux. Wenige Monate stirbt er an einer Infektion in belgischen Landen.

Der Streit zwischen Heinrich III. und dem Herzog von Alençon (1574/75)

Des sept rameaux à trois seront réduicts,
Les plus aisnez seront surprins par morts,
Fraticider les deux seront séduicts,
Les conjurez en dormant seront morts.

(VI,11)

Übersetzung:
Sie werden von sieben Zweigen auf drei herabgesetzt,
Die Ältesten werden vom Tod überrascht werden,
Die zwei werden verführt sein zum Brudermord
Die Verschwörer werden im Schlafen sterben.

Dieser Quatrain ist in verständlichem, zusammenhängenden Französisch geschrieben, zudem ist das Thema ziemlich klar, vielleicht auch der zeitlichen Nähe wegen. Heinrich der Dritte ist der Letzte der Söhne Heinrichs II, der nach der Weissagung Nostradamus´ den Thron Frankreichs besteigt. Insgesamt hatte König Heinrich aber sieben Kinder (Man beachte wieder die Kombination der Zahlen sieben und drei!). Mit Karl IX. stirbt 1574 das Vierte, sodass nur noch Heinrich III., Margarete und der Herzog von Alençon übrig bleiben. Der Herzog von Alençon saß einer neuen Gruppierung vor, die im ständig schwelenden Religionskonflikt neutral war und weder zu den Katholiken noch zu den Protestanten hielt: den „Politikern". Heinrich III sah eine Gefahr für sich in dieser Gruppierung und misstraute seinem Bruder. Er plante sogar, ihn durch einen Anschlag „beiseite zu schaffen". Glücklicherweise wurde dieses Komplott jedoch rechtzeitig von seinem Bruder entdeckt. Stattdessen wurde Gefolgsleuten des Herzogs der Prozess gemacht, einem Herrn La Mole und dem Graf von

Piemont, Coconasso. Sie wurden beide zum Tode verurteilt und hingerichtet.

Nostradamus scheint viel an der Königsfamilie gelegen zu haben, die ihn stets unterstützt und ihm Schutz gewährt hatte gegen Anfeindungen von allen Seiten. Viele seiner Quatrains beziehen sich auf die Angehörigen Heinrichs II.

Die Verfolgung der Astronomen: Bruno und Galilei (17. Jh)

Des plus lettrez dessus les faits celestes,
Seront par princes ignorants reprouvez
Punis d´Édit, chassez, comme scelestes,
Et mis à mort la où seront trouvez

(IV,18)

Übersetzung:
Diejenigen, die über die Himmelsdinge am meisten wissen
werden von unwissenden Fürsten verurteilt,
Durch Edikte bestraft, verjagt, wie Verbrecher,
Und getötet werden, egal, wo man sie finden wird.

Croistra le nombre si grand des Astronomes
Chassez, bannis et livres censurez:
L´an mil six cens et sept par sacre glomes
Que nul aux sacres ne seront assurés

(VIII,71)

Übersetzung:
Die Zahl an Astronomen wird weiter zunehmen
die gejagt und verbannt und deren Bücher zensiert werden.
Im Jahre 1607 werden Heilige Bullen geschaffen
Sodass vor den Heiligen keiner mehr sicher sein wird.

Das Thema der Astronomie ist für Nostradamus natürlich von großem Interesse, daher widmet er seinem „Berufsstand" zwei Quatrains. Tatsächlich erstreckt sich die Verfolgung der Astronomen über einen langen Zeitraum, und sie ist vor allen Dingen mit zwei wichtigen Namen verknüpft: Giordano Bruno und Galileo Galilei. Giordano Bruno vertrat die These, dass das Weltall unendlich sei, da auch Gott unendlich sei. Heutzutage wissen wir, dass er Recht hatte. Aber nach Meinung der Kirche durfte das nicht so sein, denn nach ihrer Auffassung war die ganze Welt endlich und sterblich, im Gegensatz zu Gott. 1592 wurde er ins Gefängnis geworfen und im Jahre 1600 nach siebenjähriger Haft auf dem Scheiterhaufen verbrannt.

Der andere Name in diesem Zusammenhang ist weitaus bekannter, nämlich Galileo Galilei, der berühmte Mathematiker, Physiker, Astronom und Erfinder des Fernrohrs. Mit Hilfe seines Fernrohrs konnte er nun deutlich sehen und beweisen, wie die Himmelskörper beschaffen waren. Die neuen Erkenntnisse bestätigten, dass das kopernikanische Weltbild richtig war: Die Erde dreht sich um die Sonne, und nicht umgekehrt. 1613 schrieb er einen Brief an den Benediktiner B. Castelli, in dem er sich offen Gedanken machte darüber, wie die Bibel neu auszulegen sei nach solch unumstößlichen Beweisen, an denen nicht mehr zu rütteln war! Doch die Heilige Inquisition interessierte sich wenig für die Tatsachen; sie belegte ihn 1616 mit der Zensur. 1632 wurde er dann von dieser Behörde nochmals vorgeladen. Es blieb ihm nur die Wahl, entweder abzuschwören oder das gleiche Schicksal wie vor ihm Giordano Bruno zu erleiden.

Die Hinrichtung des englischen König Charles 1649 und die Besetzung Belgiens durch Frankreich (1658-1714)

Gand et Bruceles marcheront contre Anvers,
Senat de Londres mettront à mort leur Roy
Le sel et vin luy seront à l´envers,
Pour eux avoir le règne en désarroy.

(IX,49)

Übersetzung:
Gent und Brüssel werden gegen Antwerpen marschieren,
Im Senat von London werden sie ihren König zu Tode bringen
Salz und Wein werden gegen ihn sein,
Weil sie das Reich in Unordnung gestürzt haben.

In diesem Quatrain lernen wir eine andere Variante von Nostradamus´ mehrdeutigen Wortspielen kennen. In der ersten Zeile heißt es, dass zwei Städte gegen Brüssel marschieren werden. Acht Jahre nach den Ereignissen, die in den nachfolgenden Zeilen beschrieben werden, nämlich im August 1658, marschieren die Franzosen in Belgien ein, um das Land zu besetzen. Sie nehmen erst Gent und Brüssel ein, bevor sie auf Antwerpen ziehen. Wenn Städte im Zusammenhang mit Eroberungszügen genannt werden, ist es oft so, dass sie selber nicht die Angreifer sind, sondern dass sie Zwischenstationen darstellen. Der Angreifer ist das französische Heer gewesen. Nach Eintritt der Ereignisse könnten wir also übersetzen: „Durch Gent und Brüssel werden sie gegen Antwerpen marschieren".

Der größte Teil der Weissagung bezieht sich dagegen auf Ereignisse in England. Nachdem dort 1642 die Revolution ausbricht, entsteht ein Bürgerkrieg zwischen Anhängern des Parlaments und den "Kavalieren", den Anhängern des Königs. In diesen Wirren wird der König 1649 hingerichtet. Die Republik wird ausgerufen, und unter Oliver Cromwell lebt das Land zehn Jahre lang in Chaos und Anarchie. Cromwell stirbt 1658, sein Sohn Richard schafft es nicht, der schwierigen politischen Lage Herr zu werden, und ein Jahr später wird mit Charles II., dem Sohn des vorherigen Königs, nach vielen überwundenen Schwierigkeiten wieder ein König gekrönt

Krieg gegen die Türkei und Wiedererlangung Ungarns durch die Christen (1682-99)

Près de Sorbin pour assailir Ongrie,
L´héraut de Brudes les viendra advertir
Chef Bizantin, Sallon de Sclavonie
A loy d´Arabes les viendra convertir

(X,.62)

Übersetzung:
Nahe bei Serbien um Ungarn anzugreifen,
wird der Herold von Buda sie zurechtweisen
Der byzantinische Anführer, Saloniki von Slavonien
wird sie zum arabischen Glauben bekehren

In diesem Quatrain ist die Reihenfolge der Ereignisse ein wenig vertauscht. Das ottomanische Reich ist zu Nostradamus´ Lebzeiten auf dem Höhepunkt seiner Macht. Fast der gesamte Balkan, Griechenland, Albanien, inklusive Serbien und Bosnien, ab 1502 auch die Moldau, war den Türken im 16. Jahrhundert tributpflichtig, „zum arabischen Glauben bekehrt". 1529 dringen sie sogar bis Wien vor, werden dort aber geschlagen und ziehen sich bis hinter die Raab zurück. Die Rückeroberung der türkisch besetzten Gebiete beginnt vor allen Dingen ab dem 6. türkisch-venezianischen Krieg (1645-69) Erfolge zu zeigen.

1683 stoßen die osmanischen Truppen nochmals nach Wien vor, sie treffen dort aber auf erbitterten Widerstand. Es folgt ein großer Krieg, der so genannte „Große Türkenkrieg" (1683-1699), in dessen Verlauf Ungarn, Südgriechenland, Siebenbürgen, Slavonien, große Teile Serbiens und Kroatiens zurückerobert werden. 1699 wird die Abtretung der betreffenden Gebiete im Frieden von Karlowitz besiegelt. Die Eroberung Budas, der ungarischen Hauptstadt, geschieht 1686 durch den Herzog von Lothringen.

Dieses Ereignis stellt wohl auch den Bezug zu Frankreich dar. Die meisten der nostradamischen Voraussagen beziehen sich auf Frankreich oder aber auf den immer währenden Konflikt zwischen Moslems und Christen. In diesem Quatrain sind gleich beide Bezüge vorhanden. Wir sehen auch wieder, wie verschleiert die Aussage ist, in der dritten Zeile beispielsweise. Mit unserem heutigen Wissen können wir übersetzen: „Der byzantinische Anführer, der auch Saloniki (also: Griechenland) und Slavonien beherrscht".

Die englische Kolonialherrschaft und der Machtkampf mit Portugal

Le grand empire sera par Angleterre
Le Pempotan des ans plus de trois cens.
Grandes copys passer par mer et terre
Les Lusitains n´en seront pas contens

(X,100)

Übersetzung:
Das große Reich wird Englands sein
Und dreihundert Jahre allmächtig über es herrschen
Große Truppen werden über Meer und Land ziehen
Die Portugiesen werden darüber nicht erfreut sein.

Zu Nostradamus´ Lebzeiten beginnt die systematische Kolonisierung Amerikas und die Ausbeutung des Landes durch die Spanier. Frankreich, England, Spanien und Portugal, die am weitesten im Westen gelegenen Länder Europas sind es vor allem, die um die Vorherrschaft auf dem Atlantik kämpfen. Ostasien gewinnt ebenfalls an Bedeutung durch den traditionell sehr intensiven Handel mit Indien und China. Um das Jahr 1600 bekommt die Ostindische Kompanie das Monopol auf den Handel mit den Ostasiatischen Staaten. Damit hat England die Vorherrschaft im Indischen Ozean.

Durch de Eroberung strategisch wichtiger Länder und Inseln gelingt es England, sein riesiges Kolonialreich aufzubauen und auch zu halten. Erst im 20. Jahrhundert und genauer noch nach Ende des Zweiten Weltkriegs ändert sich dies, nachdem die Vereinigten Staaten von Amerika sowie Russland und China zu Großmächten aufgestiegen sind. Aber immerhin beherrschte England über 300 Jahre lang ein beträchtliches Reich, das Land auf allen Kontinenten verwaltete!

Portugal war dagegen stets nur eine viel kleinere Macht, die außerdem immer Gefahr lief, von Spanien annektiert zu werden. Deshalb verbündete es sich mit England, trat aber auch zu Beginn der Kolonisierung mit ihm in Konkurrenz: 1597 gründete Portugal mit Macao die erste europäische Handelsniederlassung auf chinesischem Boden. Trotz kolonialer Erfolge und den stets guten Verbindungen zur britischen Krone geriet Portugal 1703 in den Status einer englischen Provinz, worüber die alte Seefahrernation natürlich alles andere als erfreut war...

Die Regierungszeit Ludwigs XV. (1715)

Coeur, vigueur, gloire, le règne changera,
De tous points, contra ayant son adversaire.
Lors France enfance par mort subjugera,
Le Grand Régent sera lors plus contraire.

(III,15)

Übersetzung:
Beherztheit, Strenge, Ruhm, der Regent wird wechseln,
auf alle mögliche Art hält der Gegner Kontra dagegen.
Zur Zeit Frankreich der Kindheit mit dem Tod unter das Joch zwingen,
Der große Regent wird dann noch mehr dagegengestellt sein.

Hier sehen wir ein schönes Beispiel dafür, wie Nostradamus Wörter vertauscht: In der dritten Zeile muss es natürlich sinngemäß heißen: „Im Kindesalter (noch) wird er Frankreich durch den Tod unter das Joch zwingen". Ludwig XV. war der Urenkel des „Sonnenkönigs“, Ludwig XIV. Er übernahm nach seinem Tode die Regentschaft über Frankreich, so, wie es sein Vorgänger testamentarisch festgelegt hatte. Dieser hatte sich ebenso Gedanken gemacht über die Tatsache, dass Ludwig XV. noch minderjährig war, und so hatte er auch die Zusammensetzung des Regentschaftsrates festgelegt, der die Staatsangelegenheiten erledigen sollte bis zur Großjährigkeit des Kronprinzen. Doch ein Neffe Ludwigs XIV., der Herzog von Orléans, ließ das Testament für ungültig erklären und ließ sich selbst die Rechte des Regenten übertragen. In dieser Zeit begann der Verfall der absolutistischen Monarchie, sowohl moralisch als auch finanziell und ideologisch. Die nun folgenden Herrscher zeichneten sich vor allem durch ihre Vergnügungssucht aus, sie verprassten die Staatsgelder und waren unfähig, die vielen innen- und außenpolitischen Probleme, die das Land mehr und mehr belasteten, auch nur annähernd zu lösen.

Der Beginn der ersten Zeile bezieht sich aller Wahrscheinlichkeit nach noch auf die Herrschaft Ludwigs XIV und soll den scharfen Kontrast zeigen zu den Qualitäten der Könige, die nach ihm kamen. Während sich Frankreich unter Ludwig XIV. durch Beherztheit, Strenge und Ruhm auszeichnet, folgt das absolute Gegenteil unter Ludwig XV. - deutlicher als es die vierte Zeile ausdrückt, kann man es nicht sagen!

Das Zeitalter der Aufklärung (18. Jahrhundert)

Lors que Venus du Sol sera couvert:
Soubs l´esplendeur sera forme occulte:
Mercure au feu les aura descouvert,
Par bruit bellique sera mis à l´insulte.

(IV, 28)

Übersetzung:
Wenn Venus durch die Sonne verdeckt sein wird:
Unter dem Glanz wird die Form versteckt sein:
Merkur, im Feuer, wird sie entdeckt haben,
Durch Kriegslärm wird sie der Verspottung ausgesetzt werden.

In diesem Quatrain wird die Sonne ganz besonders hervorgehoben. Eigentlich könnte man meinen, es handele sich um rein astrologische Angaben, da außer der Sonne noch drei wichtige Planeten des Sonnensystems genannt werden. Man darf aber nicht vergessen, dass das Zeitalter der Aufklärung in Frankreich „das Jahrhundert der Lichter" genannt wurde! Die Schriftsteller fühlten sich „erleuchtet" und veröffentlichten ihre Bücher, die vor allem gegen die Kirche gerichtet waren. Viele kritisierten aber auch den König und unterstützten die bürgerlichen Kräfte, die 1789 die französische Revolution auslösten. Darauf könnte sich die letzte Zeile beziehen, diejenige, die der Verspottung ausgesetzt wurde, war wohl die alte Dame Monarchie.

Jeder der genannten Planeten hat mehrere, sehr wichtige Bedeutungen! Venus, Merkur und Mars sind nicht nur die Planeten, die der Erde am nächsten sind, sondern sie stehen auch für mächtige Götter des alten Rom. Venus zum Beispiel war nicht nur die Schönste der römischen Göttinnen, sondern das lateinische Wort „Venus" bedeutet auch „Gift". Da Nostradamus ja so gerne lateinische Wörter gebraucht, ist es sehr wahrscheinlich, dass „Venus“ an dieser Stelle nichts Schönes, sondern etwas sehr Negatives ist: Gemeint ist der Verfall der Monarchie, die Heucheleien der mächtigen Kirche und der Staatsherren, die von den Schriftstellern des 18. Jahrhunderts so angeprangert worden sind. Und der „Glanz“ der Aufklärung sollte ja auch nicht nur strahlen, sondern nach 1789 auch Form annehmen!

Merkur, der zweite erwähnte Gott, war der Gott der Kaufleute und der Beredsamkeit! Die treibende Kraft der französischen Revolution waren in der Tat die reich gewordenen Händler und Kaufleute, die zur Macht drängten. Vorhin hatten wir auch „Mars“ erwähnt, obwohl der Name im Quatrain nicht auftaucht. Man kann ihn aber in den Reigen der Götter-Planeten ruhig einreihen, da Nostradamus mit „Kriegslärm“ sehr wohl Anspielungen auf den Gott des Krieges macht. Die Tatsache, dass die Planeten in ihrer Götter-Bedeutung auftauchen, kann noch einen weiteren Hinweis liegen, der auf der Hand liegt, wenn man bedenkt, dass Nostradamus als Astrologe einen sehr intensiven Bezug zur Himmelskunde hatte: Mit dem Zeitalter der Aufklärung beginnt auch der Sieg der Vernunft über die überholten Weltbilder der Kirche! Die Planeten werden an ihren rechten Platz gerückt werden, die Sonne wird herrschen und nicht die zwiespältige Göttin Venus.

Die Revolution von 1789 und die Exekutierung des Königspaars

Le trop bon temps, trop de bonté royale
Faicts et déffaicts prompt, subit, négligence,
Léger croira faux d´espouse oyale.
Luy mis à mort par sa bénévolence.

(X,43)

Übersetzung:
Eine zu gute Zeit, zu viel Güte von Seiten des Königs
entsteht und wird genauso schnell zu Grunde gehen, plötzlich, Vernachlässigung,
Leichtsinnig glaubt man falsch von der treuen Gemahlin.
Er wird getötet wegen seines guten Willens.

Als die Revolution 1789 in Frankreich ausbrach, geschah dies nicht, weil die Zeiten schlecht gewesen wären. In schlechten Zeiten mag es Aufstände geben. Wenn ein Volk hungern oder schlechte Lebensbedingungen hinnehmen muss, macht es sich meist lautstark bemerkbar, um sich zu wehren oder um die Mächtigen an sich zu erinnern. Aber im Allgemeinen führen solche Situationen nicht zu Revolutionen. Diese werden ins Rollen gebracht mit dem festen Ziel, einen Machtwechsel herbeizuführen.

Etwa ein halbes Jahr vor Ausbruch der großen Revolution begann in Frankreich eine Zeit der Wirtschaftsblüte. Die Händler und Bankiers profitierten nicht zuletzt von der Verschwendungssucht unter Ludwig XV., der immer mehr Anleihen aufnahm, um seinen Lebensstil zu decken. Dies führte dazu, dass der Wohlstand bis zum Ausbruch der Revolution erheblich zugenommen hatte.

Guten Willen zeigte der König Ludwig XVI. mit seinen Reformversuchen, die aber leider erfolglos blieben.

Auch die dritte Zeile hat sich bewahrheitet: Marie-Antoinette, die sich gerne vergnügte und von daher als leichtsinnig angesehen war, wurde 1785/86 zu Unrecht in die so genannte „Halsbandaffäre“ verwickelt. Dieser lange währende Prozess brachte die eh schon mit Argwohn beäugte Monarchie vollends in Misskredit. Die dritte Zeile wäre also, mit unserem im Nachhinein ergänzten Wissen, so zu übersetzen: „Da die Gemahlin (des Königs) leichtsinnig war, glaubte man Falsches von ihr“.

Der finanzielle Ruin Frankreichs und die Ausgabe von Papiergeld (1789-1796)

Ceux qui estoient en regne pour scavoir,
Au Royal change deviendront appovris:
Uns exilez sans appuy, or n´avoir,
Lettrez et lettres ne seront a grand pris.

(VI,8)

Übersetzung:
Diejenigen, die wegen ihres Wissens an der Macht waren,
werden durch die Wechsel des Königs verarmen.
Einige exiliert, ohne Unterstützung, die kein Gold haben,
Gebildete und ihre Werke werden nicht hoch angesehen sein.

Kaum hatten die Bürgerlichen 1789 die Macht ergriffen, da ging ihnen auch schon schnell das Geld aus. Die glorreiche Idee, die diesem Dilemma Abhilfe schaffen sollte, war das Drucken von Papiergeld. Papier kostete wenig, und man konnte es in Massen drucken lassen. So geschah es denn auch. Der Staat druckte wie besessen, ohne Rücksicht auf die Wirtschaftslage - und das führte zu einem raschen Wertverlust. Die Inflation brachte Tausende von Familien in schlimmste Armut, nicht zuletzt diejenigen, die „wegen ihres Wissens an der Macht waren". Denn die Regierung der ersten Republik hatte ja den Staatsbankrott mit ihren grenzenlosen Papiergeldfluten ausgelöst!

Weitere Folgen der französischen Revolution werden vorausgesehen. Nachdem die Bastille am 14.7.1789 erstürmt worden war, packte ein großer Teil der Adeligen die Koffer, um dem heißgewordenen französischen Boden den Rücken zu kehren. Eine Flut von Emigranten verließ Frankreich in den Jahren von 1789-1825, und zwar mit einem nicht geringen Risiko: Am 23.10. 1792 erklärte der Nationalkonvent alle Emigranten für Verbannte, und zwar auf Lebenszeit. Die letzte Zeile bezieht sich auf die Verfolgung von Intellektuellen, diesmal aber von der anderen Seite. Gebildete, Wissenschaftler und Schriftsteller, die die Republik kritisierten, liefen ebenso Gefahr, verurteilt und hingerichtet zu werden, wie erklärte Monarchisten, die dem König treu geblieben waren. Unter ihnen befanden sich der berühmte Chemiker Lavoisier und der Schriftsteller Malesherbes.

Die erste Republik (1792-1799)

La Dame seule au règne démeurée,
L´unic eteint premier au lict d´honneur,
Sept ans sera de douleur explorée,
Plus longue vie au règne par grand heur.

(VI,63)

Übersetzung:
Die einsame Dame blieb übrig von der Herrschaft,
Der Einzige stirbt als Erster auf dem Ehrenbett
Sieben Jahre lang wird sie durch großen Schmerz geprüft werden,
Zum Glück kein langes Leben mehr dem Regime.

Dieser Quatrain lebt von seinen vielen Bildern und Andeutungen, die man nur verstehen kann, wenn man ein wenig mit dem Sprachgebrauch des 18. Jahrhunderts vertraut ist. Die „einsame Dame" ist ein häufig gebrauchter Ausdruck für die Bezeichnung der „Marianne", das Nationalsymbol Frankreichs. Während der französischen Revolution verkörpert sie die Freiheit - und sie wird spätestens im Jahre 1792 geknechtet. „Der Einzige" ist auf den König bezogen, der ja bis zum Ausbruch der Revolution der Alleinherrscher war. Zu Beginn dieser sieben dunklen Jahre ist er tatsächlich einer der Ersten, der sein Leben lassen muss, wenn auch nicht in allen Ehren: Er wird am 21.1.1793 zusammen mit seiner Frau, Marie-Antoinette, auf dem Schafott hingerichtet.

Mit dem Beginn der so genannten „Schreckensherrschaft" unter Robespierre folgen sieben der schwärzesten Jahre der französischen Geschichte überhaupt. Am 17.9.1792 wird jegliche Opposition durch Gesetz verboten. Im darauf folgenden Sommer erlässt Robespierre ein Gesetz, das Schnellprozesse ermöglicht, die den

Angeklagten jede Möglichkeit der Verteidigung nehmen. Die Massaker sind grauenvoll. Innerhalb von 45 Tagen fallen mehr als tausend Menschen der Guillotine zum Opfer.

Ab 1795 beginnen sich die Massen zu regen und sich gegen das grausame Regime zu wenden. Das Land versinkt in Anarchie, Royalisten und Republikaner unterschiedlichster Couleur liefern sich Straßenschlachten und richten Massaker an, um unter der Bevölkerung den Schrecken zu verbreiten. Der Nationalkonvent legt die Verteidigung der Staatsordnung einem jungen General Bonaparte in die Hände, der erfolgreich „für Ruhe und Ordnung sorgt". 1799 erhält Frankreich eine neue Verfassung, die eine Regierung aus 10 Konsuln vorsieht. Der erste Konsul allerdings hat die höchste Entscheidungsgewalt. So beginnt die Herrschaft Napoleons, der sich 1804 dann zum Kaiser ausrufen lässt. Mit der neuen Verfassung enden die schrecklichen Wirren um die Macht.

Die Flucht des Königspaares, seine Hinrichtung und der Kriegsausbruch

De nuict viendra par la forêt de Reines,
Deux pars voltorte Herne la pierre blanche
Le moine noir en gris dedans Varennes
Esleu cap cause tempeste, feu, sang, tranche.

(IX,20)

Übersetzung:
Nachts wird er durch den Wald von Reims kommen
Doppelt entzweigerissen, Hernuten der weiße Stein
Der schwarze Mönch in grau in Varennes
Abstimmung (über) Haupt/Kap. verursacht Sturm, Feuer, Blut, Schnitt

Dieser Quatrain enthält viele Symbole und Wortspiele, die erst einmal aufgelöst werden müssen. Zum einen die Hernuten. Sie waren eine christliche Sekte, die nach besonders strengen Sittenregeln lebte. „Der weiße Stein" muss sich auf das Königtum beziehen. Die Farbe „weiß" war immer schon die Farbe des Königs gewesen, und Nostradamus benutzt immer wieder dieses Symbol, wenn er eine Anspielung auf den König machen will. Der König ist doppelt entzweigerissen, weil durch die Revolution die zwei wichtigsten Säulen des alten Regimes umgestürzt worden sind: sowohl die gestrenge Kirche als auch die Monarchie sind entmachtet worden!

Die zweite Stelle in diesem Quatrain, über die man einfach stolpern muss, ist das Wörtchen „cap". Das hat nämlich mehrere Bedeutungen und ist hier der Auslöser für ein Wortspiel, das man nicht genauso ins Deutsche übersetzen kann. „cap" ist ein Abkürzung für lateinisch „caput", und das heißt so viel wie „Kopf,

Haupt". Auf der anderen Seite ist es aber auch die Anspielung auf die Person Ludwigs XVI.: Er ist nämlich ein Spross aus dem Geschlecht der Kapetinger - und die wurden ebenfalls „cap" abgekürzt! Deutlicher kann die Anspielung auf die Flucht Ludwigs XVI. nun wirklich nicht sein, zumal sie sich genauso zugetragen hat, wie Nostradamus sie beschreibt:

Im Juni beschließen der König und seine Gemahlin, heimlich das Land zu verlassen und über die deutsche Grenze zu fliehen. Ihr Weg führt sie über Reims, und am 20. Juni 1792 kommen sie nachts in Varennes an, einem eher unbedeutenden Ort, der bis heute kein geschichts-trächtigeres Ereignis gesehen hat als genau dieses: Die Festnahme des Königs, der, in unscheinbares Grau gekleidet, unerkannt zu entkommen gehofft hatte. Auf die Festnahme folgte der Prozess, in dem die Gerichtsversammlung mit 683 Stimmen über das Urteil abstimmte. Es lautete: schuldig wegen Verschwörung gegen die Sicherheit des Staates. Was danach kam, deutet Nostradamus nur kurz an, er erläutert es näher in anderen Quatrains: Sturm und Feuer, also die Revolutionskriege, die im Februar 1793 ausbrechen, und der „Schnitt", der sich wohl auf das „cap" des „cap" bezieht: die Ent"haupt"ung des „Kap"etingers Ludwig XVI.. Beides sind Folgeerscheinungen, bei denen viel Blut geflossen ist.

Die Eisenschrank-Affäre und der Prozess Ludwigs XVI.

Lettres trouvées de la Royne les coffres,
Point de subscrit sans aucun nom d´autheur:
Par la police seront cachez les offres,
Qu´on ne sçaura qui sera l´amateur

(VIII,23)

Übersetzung:
gefundene Briefe in den Schränken der Königin,
Keine Unterschrift, ohne einen Namen des Verfassers:
Von der Polizei werden die Beweise versteckt,
Sodass man nicht weiß, wer der Nutznießer sein wird.

Im Prozess, der dem König, Ludwig XVI,. am 17. Januar 1793 gemacht wird, spielen mehrere Briefe und Schriftstücke eine wichtige Rolle. Sie waren offenbar in einem Schrank eingeschlossen, der mit einer Eisentür versehen war: eine Art antiker Safe. Als Beweismaterial gegen den König dienten also mehrere Briefe, die er bekommen und auch eigenhändig unterzeichnet hatte. Allerdings leugnet der König, diese Schriftstücke je gesehen zu haben. Außerdem taucht ein rätselhaftes Schriftstück ohne Unterschrift auf, von dem Ludwig XVI. behauptet, er wisse nichts darüber.

Die Beweisaufnahme scheint sehr zum Nachteil des Königs abgelaufen zu sein: Offenbar waren Revolutionäre ins Schloss eingebrochen und hatten die Schränke demoliert, aus denen viele Dokumente entfernt wurden. So lagen dem Gericht wahrscheinlich nur einige Beweisstücke vor, die nur einen Teil der Wahrheit ans Licht bringen konnten. Aber das war den ermittelnden Richtern damals wohl ziemlich egal. Es wurden irgendwelche Gründe gesucht, um den König zu verurteilen, und so arbeiteten die Behörden auch. Solche Dokumente, die den König hätten entlasten können, waren verschwunden. Belastungsmaterial hingegen lag reichlich vor. Ludwig XVI. seinerseits hatte aber ebenfalls sehr wenig Interesse an der korrekten Aufklärung der Angelegenheit: Er leugnete einfach, überhaupt irgendwelche Kenntnis von dem Schrank gehabt zu haben.

Die Enthauptung des Königs und die darauf folgende Schreckensherrschaft

Le juste à tort à mort l´on viendra mettre
Publiquement et du milieu estaint.
Si grande peste en ce lieu viendra naistre
Que les jugeans fouyr seront contrains

(IX,11)

Übersetzung:
Den Gerechten wird man zu Unrecht zu Tode bringen,
öffentlich und in der Mitte stehend.
An diesem Ort wird eine so große Pest entstehen,
dass die Urteilenden zur Flucht gezwungen sein werden.

Nostradamus bezeichnet den König immer als einen Gerechten, da er noch im alten Regime aufgewachsen ist, in dem der König „von Gottes Gnaden“ eingesetzt war. Für unseren Seher wäre es unvorstellbar gewesen, dass man die Monarchie anzweifeln und den König verjagen könnte, nur weil er ein König ist! Ludwig XVI. war zwar ein schwacher Herrscher, aber er war, aus der Sicht eines Menschen des 16. Jahrhunderts, fromm und um das Wohl des Volkes bemüht gewesen. Nur sah das Volk es nicht so. Robespierre hält im Nationalkonvent die Anklagerede gegen den König, in der er die Verurteilung des Königs als „Maßnahme des öffentlichen Wohls“ bezeichnet.

Ludwig XVI. wird also auf dem Schafott, auf einer „Bühne“, inmitten des Volkes auf einem großen Platz in Paris hingerichtet. Nur 5 Monate später beginnt die „Diktatur“ des Sicherheits- und Wohlfahrtsausschusses unter Robespierre, die ein grauenhaftes Schlachten von politischen Gegnern auslöst. Erst am berühmten 9. Thermidor (27. Juli 1794) wird Robespierre gestürzt und ohne Urteil hingerichtet. Ihn ereilt also das gleiche Schicksal wie den „Gerechten“, den er „zu Unrecht“ verurteilt hatte.

Ein großer Teil von Nostradamus´ Voraussagen ist auf die Französische Revolution gemünzt. Dies ist nur allzu verständlich, denn diese Ereignisse bedeuteten den Einstieg in unsere moderne Zeit, die vollkommen mit den Weltbildern bricht, die Nostradamus´ Denken geprägt haben. Die Aussicht auf derartige Veränderungen muss so schockierend auf ihn gewirkt haben, dass er viele seiner Quatrains der Französischen Revolution widmete. Natürlich können wir hier nur eine kleine Auswahl davon vorstellen.

Die Geburt des Kaisers Napoleon

Un Empereur naistra près d´Italie
Qui à l´empire sera vendu bien cher,
Diront avec quels gens il se ralie
Qu´on trouvera moins Prince que boucher

(I,60)

Übersetzung:
Ein Kaiser wird nahe Italien geboren werden
Der dem Reich teuer zu stehen kommen wird,

Sie werden sagen mit welchen Leuten er sich verbindet
Er, den man weniger als einen Prinzen denn als einen Schlächter ansehen wird.

Napoleon Bonaparte wird am 15. August 1769 in Korsika geboren. Damals gehörte die Insel erst zwei Jahre zum französischen Herrschaftsbereich, vorher stand sie unter italienischer Verwaltung. Heute noch wird auf Korsika ein italienischer Dialekt gesprochen, und die korsische Bevölkerung sieht sich weniger in französischer als viel eher in „korsischer" Tradition, also: Italien nahe stehend, so, wie es Nostradamus mit „nahe Italien" ausdrückt. Die Nähe ist also nicht nur örtlich gemeint!

Napoleon hat mit seinen vielen Eroberungszügen ganz Europa verändert. Die Einteilung Deutschlands in überschaubare Regionen haben wir unter anderem ihm zu verdanken! Jedoch sollte sich sein Hunger als zu groß erweisen, und so wurde sein Heer allmählich aufgerieben. Die alten Mächte Mitteleuropas setzten sich 1814 in Wien zum Kongress zusammen, um Frankreich für seine Gemetzel unter den Völkern zu bestrafen. Frankreich büßte mehrere Gebiete ein, und Napoleon wurde nach St. Helena verbannt, wo er 1821 starb. Nostradamus schreibt auch ausdrücklich „Kaiser", und Napoleon sollte der erste Kaiser der französischen Geschichte sein. Napoleon kam also dem französischen Staat teuer zu stehen, was Gebietsabtretungen, Tote und die Zerstörung des Landes betraf. Seine „Grande Armée" umfasste 700.000 Mann, die aus aller Herren Länder kamen - er verbündete sich also mit Leuten aus allen Staaten und setzte in allen Staaten Verwalter ein, die ihm loyal waren.

Diese Voraussage Nostradamus´ gehört zu den eindeutigen, denn die Voraussagen sind so klar wie die Konsequenzen drastisch sind. Wir können sehr häufig feststellen, dass die Ereignisse umso einschneidender sind, je klarer die Voraussage ist.

Noch einmal: Napoleon

D´un nom farouche tel proféré sera
Que des trois seurs aura fato le nom,
Puis grand peuple par langue et faicts dira
Plus que nul autre aura bruict et renom.

(I,76)

Übersetzung:
Er wird bei einem so wilden Namen genannt werden
dass der Name so schicksalhaft sein wird wie die drei Schwestern.
Dann wird er viel Volk durch Sprache und Taten sagen (=befehlen)
Mehr als irgendjemand anderes wird er Lärm machen und einen gewissen Ruf haben.

Dieser Vierzeiler ist weniger präzise als der vorhergehende. Die einzigen Hinweise, die uns hier auf die richtige Spur bringen, sind die dritte und die vierte Zeile, wo Nostradamus uns mitteilt, dass er viele Leute unter seinem Befehl hat und dass er einen Ruf haben wird als Kriegsherr, der viel Kriegslärm anstellen wird, und zwar solch einen, der über alles vorher da gewesene hinausgeht. Außerdem könnte uns die Nummer des Quatrains auch einen Hinweis geben: Der erste Vers, der auf Napoleon hindeutet, befindet sich unter I,60. Das sind 16 Zeilen vorher. Napoleon hat den französischen Staat von 1799 bis 1815 befehligt, also genau 16 Jahre. Wahrscheinlich will Nostradamus uns dadurch eine Zeitangabe über die Regierungszeit des Kaisers machen.

Das Wort „Name“ taucht zweimal auf, also, was ist an dem Namen „Napoleon“ so schrecklich? Um dies zu erfahren, müssen wir wieder in die Abgründe der griechischen Sprache hinabtauchen, die Nostradamus ja so verehrt. Der Name „Napoleon“ trifft auf die Beschreibung des Quatrains zu, denn im Altgriechischen gibt es ein Wort „apollyon“: „der Verderben Bringende“ (Partizip Präsens des Verbs „apollomi“). Die griechische Vorsilbe „neo-“ für „neu“ ist heute ja auch noch gebräuchlich. Zusammengesetzt ergibt dies „neo-apollyon“=„der neue Zerstörende“.

„Die drei Schwestern“ beziehen sich höchstwahrscheinlich auf die drei Parzen. Diese waren die Schicksalsgöttinnen im antiken Rom, und sie wurden auch häufig „die drei Schwestern“ genannt. Sie standen für das unabwendbare Schicksal und das Lebenslos jedes einzelnen. Und so unabwendbar das Schicksal ist, das Napoleon seine Taten ausführen lässt, so unglaublich sind seine Eroberungszüge, die bis ins tiefste Russland führen, und die für ein Jahrzehnt ganz Europa in Angst und Schrecken versetzen. So, wie das grausame Militäroberhaupt angekündigt wird, kann die Beschreibung nur auf Napoleon Bonaparte zutreffen.

Der Feldzug Napoleons nach Italien (1797)

Peuple infiny paroistre à Vicence,
Sans force feu bruler la basilique
Près de Lunage deffait grand de Valence,
Lorsque Vinise par morte prendra pique.

(VIII,11)

Übersetzung:
Das unendliche Volk in Vicenza auftauchen
Ohne Kraft Feuer die Basilika zerstören
Nahe bei Lunegiane große Niederlage von Valence,
Zurzeit wenn Venedig zum Töten die Lanze nehmen wird

Wieder schreibt Nostradamus im Telegrammstil, und diesmal wieder ziemlich verschlüsselt. Als „unendliches Volk" bezeichnet er die Franzosen. Man muss dazu wissen, dass Frankreich gegen Ende des 18. Jahrhunderts das Land mit der höchsten Bevölkerungsrate Europas war. Außerdem können wir dem großen Seher ruhig eine gute Portion Patriotismus unterstellen, denn er ist hauptsächlich an den Geschicken seines eigenen Landes interessiert.

Das Wort „Basilika" ist ebenfalls mehrdeutig. Genau genommen hat es noch eine zweite Bedeutung, außer „großes Gebäude". In seiner ursprünglichen, griechischen Bedeutung heißt es „königlich". Es könnte sich hier also auf das Königtum im Allgemeinen beziehen, bzw. auf den Adel. Im März 1797 zieht das französische Heer auf Vicenza zu. Es schlägt die Italiener bei Feltre, Belluno und Cadore zurück und kann rasch voranschreiten. Die Franzosen machen etwa tausend Gefangene, ohne größere Kampfhandlungen, unter anderem nehmen sie den General Lusignan gefangen. Nun könnte man meinen, „Lusignan" klingt ähnlich wie „Lunegiane“, aber in Wirklichkeit sind die Beziehungen zwischen den Versen und den historischen Ereignissen ein wenig komplizierter. „Lunegiane“ muss eine Ortsbezeichnung sein. Verblüffenderweise nennt sich die Gegend um Belluno in Italienischen „Lunegiane“.

„Valence“ könnte sich auf mehrere Städte beziehen, doch in diesem Zusammenhang gibt es eine ganz andere Parallele: Die Adelsfamilie von Valence ist ein Nebenzweig des Hauses Lusignan - des Generals, der von den Franzosen gefangen gesetzt wurde. Nun sind die ersten drei Zeilen aufgeklärt, die vierte bezieht sich auf die friedliche Einnahme Venedigs. Diese Stadt, als sie sah, wie schnell die Franzosen auf sie zumarschiert kamen, war schnell bereit gewesen, die Bedingungen Napoleons für eine Verfassungsänderung anzunehmen. Wenig später wird der Doge, der Bürgermeister von Venedig, abgesetzt, und die Stadt wird vom französischen Heer besetzt.

Napoleon zieht nach Ägypten (1798)

Combien de fois prinse, Cité solaire,
Seras changeant les loix barbaires et vaines:
Ton mal s´approche. Plus seras tributaire,
Le grand Hadrie reouvrira tes veines.

(I,8)

Übersetzung:
Wie viel Male eingenommen, Sonnenstadt,
wirst du, und die barbarischen und eitlen Gesetze ändern.
Ein böses Geschick nähert sich dir. du wirst noch mehr Tribut zahlen, Der große Hadrian wird von neuem dir die Adern öffnen

Dieses Quatrain enthält zwei Namen, die beide wieder einmal verschlüsselt sind und uns nur auf Umwegen auf die richtige Lösung hinweisen. Diese Tatsache zeigt uns auch, dass das Ereignis nicht allzu bedeutend war für die Weltgeschichte. Es gibt eine Stadt namens „Heliopolis" (griechischer Name für „Sonnenstadt") in Ägypten, ca. 11 km von Kairo entfernt. Sie war in antiken Zeiten ein Kultort. Viele Male eingenommen, wurde in späteren Jahren aus den Steinen ihrer Ruinen die Stadt Kairo errichtet. Wenn Nostradamus also von „Sonnenstadt" spricht, wird er sich sicherlich auf Kairo beziehen.

1798 wird Kairo tatsächlich von den Franzosen eingenommen, und zwar wählte Napoleon diesen Schauplatz, um auf afrikanischem Boden die Engländer in die Knie zu zwingen. 1801 jedoch erobern die Engländer Kairo, und so dauerte die Herrschaft der Franzosen dort nicht lange. Bevor das Heer nach Kairo zog, waren die Franzosen allerdings bemüht, in Alexandria eine Verwaltung zu schaffen, die einerseits Napoleons Vorstellungen einer europäischen Verfassung entsprachen, andererseits aber auch den Sitten des Landes gerecht werden sollte, die aus der Sicht eines Europäers natürlich barbarisch, weil muslimisch, waren.

Im Oktober 1798 revoltierten die Ägypter in Kairo gegen die französische Fremdherrschaft; es gab viele Tote. Auf französischer Seite mussten 250 Menschen ihr Leben lassen. Die Besatzungsmacht antwortete mit sehr strengen Repressalien, unter anderem mit erhöhten Tributforderungen, die dem ohnehin schon armen Land weiteren „Lebenssaft" entzogen. Nun bleibt nur noch die Frage offen: Wer ist „Hadrian"? Es ist auch möglich, dass der Name eine vage Ortsangabe enthält, denn Hadrian war ja ein römischer Kaiser gewesen, und Napoleon kam via Italien nach Ägypten. Dies ist eine Strategie, die Nostradamus häufig anwendet. Er nennt einen Ort, von dem aus eine Kampfhandlung ausgeht, und oftmals handelt es sich nicht um eine feindliche Stadt, sondern um eine Stadt, die das feindliche Heer schon eingenommen hatte. Vor allen Dingen aber enthält der Name „Hadrian" auch die „Adria" - das adriatische Meer, über das Napoleon sich nach Ägypten eingeschifft hatte.

Der „edle König von Sardinien" (1798-1802)

Dans la Sardaigne un noble Roy viendra,
Qui ne tiendra que trois ans le royaume,
Plusieurs couleurs avec soy conjoindra,
Luy mesme après soin sommeil marrit scome.

(VIII,88)

Übersetzung:
In Sardinien wird ein edler König auf die Welt kommen,
der nur drei Jahre regieren wird,
Er wird sich mit mehreren Farben verbinden,
Er selbst, nach Sorge Schlaf Verbindung Gefährte.

Diese Aussage ist wieder ziemlich deutlich, nur in der letzten Zeile haben wir wieder den für Nostradamus so typischen Telegrammstil. Höchstwahrscheinlich sind ihm die Bilder aber auch genauso erschienen: Einige Voraussagen kamen klar und deutlich, und dann eine Aufeinanderfolge von Bildern, die er selber wahrscheinlich auch nicht im Zusammenhang verstanden hat. Deshalb bietet er uns ein solches Sammelsurium an.

Karl Emmanuel II. war offenbar ein eher unscheinbarer König, viel zu friedlich, um in die Annalen der Weltgeschichte aufgenommen zu werden. Er war mit den Bourbonen verbündet, was Nostradamus wohl mit den „vielen Farben" ausdrücken will, denn die Bourbonen waren eine weit verzweigte Familie, und ihre Wappen waren mit vielen Farben geschmückt. Nachdem Napoleon in Italien einmarschiert war, war Karl Emmanuel II. gezwungen, seine Gebiete auf dem Festland abzutreten, und er geriet in arge Gewissenskonflikte, nachdem die politische Lage für ihn so schwierig geworden war. Auch in seinem Königreich Sardinien begann sich bald der revolutionäre Geist durchzusetzen, und nach nur dreijähriger Regierungszeit dankte Karl Emanuel II. ab und überließ die Regentschaft seinem Bruder Viktor Emanuel. Der „edle König" tauschte sein Zepter gegen ein Ordensgewand ein und starb als Jesuitenmönch in Rom.

Dies widerspricht nicht der vierten Zeile, seine Sorge bestand wohl zum einen darin, einen Nachfolger für sich zu finden, zum anderen darin, mit gutem Gewissen aus der schwierigen politischen Situation herauszugehen. Angesichts der französischen Invasion und dem zunehmenden Misstrauen gegenüber der Monarchie auch in Italien sah er wohl kaum eine Lösung, seinem Lande den Krieg zu ersparen. So wurde er denn Gefährte einer mönchischen Verbindung, eines Ordens.

Napoleons Machtantritt und das Ende der Republik (9.11.1799)

La république, misérable infélice
Sera vastée du nouveau Magistrat,
Leur grand amas de l´exil malefice,
Fera Suève ravir leur grand contract.

(I,61)

Übersetzung:
Die Republik, elend und unglücklich,
wird verwüstet werden durch den neuen Statthalter,
Die große Masse aus dem Exil, Unglück
wird Schwaben seinen großen Vertrag brechen lassen.

Napoleon übernimmt durch einen Staatsstreich die Macht, am 9. November 1799. Nach dem 1792 neu eingeführten Revolutionskalender war dieses Datum der berühmte 18. Brumaire des Jahres V. Er legt eine neue Verfassung vor, nach der er zunächst für fünf Jahre als Konsul, mit neun weiteren Konsuln, regieren sollte. Erst 1804 lässt er sich dann zum Kaiser ausrufen. Er setzt somit den Wirren ein Ende, die das politische Leben in der Republik ersetzten, die eigentlich schon gar keine Republik mehr gewesen war, sondern ein Zustand der Anarchie. Deswegen sollte man meinen, dass es eher etwas Positives ist, wenn dieser Zustand beendet wird. Das Wort „Verwüstung" ist aber absolut berechtigt: Wir haben ja bereits gesehen, was Napoleon im Rest Europas und Afrikas angerichtet hat.

Nach seinen Feldzügen war ihm zumindest bis 1812 fast ganz Europa untertan, bis er dann in den Weiten Russlands im wahrsten Sinne des Wortes auf Granit stieß und damit sein Untergang besiegelt war. 1813 verbündete sich dann Preußen mit Russland, und immer mehr deutsche Fürstentümer beteiligten sich an der Rückeroberung des besetzten Territoriums, und zwar mit Erfolg. Dies hieß aber im Klartext, dass sie ihre mit Napoleon geschlossenen Bündnisverträge auflösen mussten! Die exilierten Adeligen spielten dabei auch eine nicht zu unterschätzende Rolle, denn sie hatten ein großes Interesse an der Niederwerfung Frankreichs. Schließlich ermöglichte diese ihnen die Rückkehr in ihre Fürstentümer und in ihre Machtpositionen, die ihnen von der Republik genommen worden waren.

Die Aussage des Quatrains ist also sehr deutlich. Die einzige Ungenauigkeit besteht in dem Wort „Schwaben“, wo eigentlich ganz Deutschland gemeint gewesen ist. Aber das ist eher eine Kleinigkeit. Schwaben war der erste deutsche Staat, der an die Grenze Frankreichs stieß. Entweder ist dies eine beabsichtigte Verschleierung von Nostradamus, oder aber er hat es in seiner Vision auch nicht deutlicher erkennen können.

Die Schlacht bei Jena und Auerstedt (1805)

Vie fort mort de l´OR vilaine indigne,
Sera de Saxe non nouveau électeur
De Brunsvic mandra d´mour signe
Faux le rendant au peuple séducteur.

(X,46)

Übersetzung:
Leben gezwungen Tod vom gemeinen, unwürdigen OR
wird von Sachsen nicht neu gewählt
Von Braunschweig wird Dmour ein Zeichen verlangen
falsch dem Volk ein Verführer seiend.

Auch wenn dieser Vers so gar nicht nach Kriegslärm klingt, er sagt -wenn auch zugegebenermaßen indirekt - die Schlacht von Jena und Auerstedt voraus. Oftmals geht es Nostradamus weniger um die Beschreibung von blutigen Taten, sondern um politische Verwicklungen. Vor allen Dingen geht es ihm um Personen, die schwer wiegende Entscheidungen treffen: Er ist halt darauf bedacht, die Verantwortung der einzelnen, an der Geschichte beteiligten Personen aufzudecken.

Dies ist eine nicht ganz leichte Aufgabe. Wir wollen trotzdem versuchen, sie zu lösen. 1805 erhält Sachsen, angesichts der vorrückenden französischen Truppen, Verstärkung durch das preußische Heer, welches allerdings schlecht organisiert ist, nur 140.000 Mann stehen bereit, um Napoleons Truppen den Weg durch den Thüringer Wald zu versperren - ein Gebiet, das damals zum Königreich Sachsen gehörte. Sie werden unter anderem von einem General Braunschweig befehligt, der seine Divisionen von Oranien nahe Auerstedt postiert.

Karl Wilhelm Ferdinand Herzog von Braunschweig war seit 1792 der Oberbefehlshaber der alliierten Truppen, die gegen Frankreich eingesetzt wurden. Er hatte im gleichen Jahr noch eine militärische Initiative gegen Frankreich angeführt, nachdem er in einem Manifest Drohungen ausgesprochen hatte - vielleicht spielt Nostradamus darauf an, wenn er vom „unwürdigen, gemeinen Oranien“ spricht. Jedenfalls unterlag Braunschweig 1792, und er musste mit dem Gesandten der französischen Truppen, einem gewissen Herrn Dumouriez, verhandeln. Nostradamus hat den Namen fast genau vorausgesagt, er hat nur eine Abkürzung für ihn verwendet (d´mour).

In der ersten Zeile spricht Nostradamus davon, dass das Leben dieses OR in den Tod gezwungen wird, und genau dies ist die Anspielung auf den Tod des „Braunschweig“, denn nachdem dieser in Jena geschlagen worden ist, fällt er im Kampf bei Auerstedt.

Die Kriege Napoleons und seine zweite Heirat

Du nom qui oncques ne fut au Roy Gaulois
Jamias ne fut un fouldre si craintif:
Tremblant l´Italie, l´Espagne et les Anglois
De femme estrange grandement attentif.

(IV,54)

Übersetzung:
Von einem Namen, den nie zuvor ein gallischer König trug
war noch nie ein Blitz so fürchterlich:
Italien, Spanien und England zittern
besondere Aufmerksamkeit gilt einer fremden Frau (=einer Ausländerin)

Schon wieder betont Nostradamus den ungewöhnlichen Namen Napoleons, was uns erneut beweist, dass dieser Name keinen „gallischen", also französischen Ursprung hat. Italien und Spanien hatten besonders unter den Feldzügen Napoleons zu leiden, denn er durchquerte beide Länder, begleitet von grausamen Repressalien. Auch England wollte Napoleon aushungern, und so lässt er die meisten europäischen Häfen für englische Schiffe sperren und unterbindet jeglichen Handel mit den britischen Inseln. Portugal und der Kirchenstaat, die die Blockade umgehen wollen, werden kurzerhand von Napoleons Truppen attackiert.

Die fremde Frau, von der in diesem Quatrain die Rede ist, wird wohl Napoleons zweite Ehefrau sein. Nachdem er sich 1809 von seiner ersten Gemahlin Joséphine hatte scheiden lassen, heiratet er 1810 Marie-Louise von Österreich - eine Ausländerin.

Die Besetzung des Kirchenstaates und die Niederlage in Russland

Terroir Romain qu´interprétait augure,
Par gent gaulois par trop sera vexée
Mais nation Celtique craindra l´heure
Boréas, classe trop loin l´avoir poussée.

(II,99)

Übersetzung:
Römisches Gebiet, das das Omen zugewiesen hat,
wird von gallischen Leuten zu sehr verletzt werden.
Aber keltische Nation wird die Stunde fürchten,
Boreas die Armee zu weit getrieben haben.

Das römische Gebiet in der ersten Zeile stellt natürlich den Kirchenstaat dar. Nostradamus vermeidet es aber, konkret zu werden und den Kirchenstaat direkt zu nennen, da dies ja eine Gefahr für ihn bedeuten könnte. Also spricht er nur von einem römischen Gebiet, das die Vision ihm gezeigt hat. Das historische Ereignis, auf das hier angespielt wird, ist die Besetzung des Kirchenstaats durch Napoleons Truppen, die der selbstgekrönte Kaiser der Franzosen veranlasste, weil der Vatikan die 1806 verordnete Kontinentalsperre brechen wollte.

„Boreas" in der vierten Zeile ist der Name eines eisigen Nordwindes. Und der hat seinen Namen natürlich von einer griechischen Sagengestalt. Die Anspielung ist so vage wie auch präzise zugleich: Napoleon wagte sich zu weit in den Norden, in die eisigen Ebenen Russlands. Und dieser gescheiterte Feldzug sollte den entscheidenden Wendepunkt in der Geschichte bringen: Am 14. September 1812 kommen die französischen Truppen in Moskau an. Ein großer Brand vernichtet die russische Hauptstadt und damit alle Nahrungsmittelvorräte. Der Zar dagegen erhält Unterstützung aus dem Hinterland. Ein zusätzlicher Wintereinbruch, der ungewöhnlich früh und heftig über das Land hereinbricht, nimmt dem Rest des Heeres die letzten Kräfte. Frankreich muss sich zurückziehen, der Rückmarsch wird zur Qual. Nur 4% der Soldaten überleben die Katastrophe.

Die Verbannung Napoleons auf St. Helena

Le chef qu´aura conduict peuple infiny
Loing de son Ciel, de meurs et langue estrange,
Cinq mil en Crète, et Tessalie finy
Le chef fuyant sauvé en la marine grange.

(I,98)

Übersetzung:
Der Oberste, der das unendliche Volk geführt haben wird
weit weg von seinem Himmel, von fremden Sitten und fremder Sprache,
Fünftausend in Kreta, und Thessalien beendet
Das fliehende Haupt gerettet in einer Scheune im Meer

Wieder nennt Nostradamus die Franzosen „Das unendliche Volk", wie auch bereits in VIII,11, in dem er Napoleons Italienfeldzug voraussagt. Die gesamte Vision scheint ein wenig zerrissen, sie besteht aus Bildfetzen, die ihm offenbar ohne Übergang so erschienen sind. Erst sieht er den Russlandfeldzug vor seinem Auge, in dem Napoleon die Franzosen sehr weit gen Osten geführt hatte, und dann sieht er das Ende dieses militärischen Führers: In Stichworten beschreibt er ein paar Orte, und man sollte meinen, er bezieht sich hier auf einige griechische Inseln. Das ist aber nur indirekt so: In der Tat handelt es sich um eine Insel, auf die Napoleon bis zu seinem Lebensende verbannt wird, nämlich um St. Helena.

Dieses Inselchen ist ein Teil Afrikas, es liegt im Atlantischen Ozean und war zur Zeit Napoleons unter englischer Kontrolle. Nachdem Napoleon einen Fluchtversuch unternommen hatte, bei dem er in die Vereinigten Staaten fliehen wollte, ergab er sich schließlich den Engländern, die ihn dann auf dieser Insel aussetzten - er verlebte dann seine letzten Tage in „Longwood House", einer umgebauten Scheune. Und vielmehr als 5000 Einwohner hat dieses kleine Eiland nicht. Und warum „Kreta"? Und „Thessalien"? Das ist wieder mal eine Frage für Latein- und Griechisch-Künstler: lat. „creta" bedeutet Felsen; „Thessalien" kommt von griechisch „thalassos", das Meer. Mit diesem Wissen kann man die dritte Zeile so übersetzen: „Fünftausend Menschen auf einer felsigen Insel, da, wo das Meer zu Ende ist." Und das ist für St. Helena eine sehr passende Beschreibung.

Die Rückkehr der Monarchie unter Ludwig XVIII.

Le blonds au nez forche viendra commettre
Par le duelle et chassera dehors,
Les exilés dedans fera remettre.
Aux lieux marins commetant les plus forts

(II,67)

Übersetzung:
Der Blonde mit der gebogenen Nase wird an die Macht kommen
durch ein Duell, und er wird sie hinausjagen,
Die Verbannten wird er zurückkommen lassen
Und die stärksten wird er einige Seemeilen weit fortschicken.

Ludwig XVIII. war der jüngere Bruder des 1793 hingerichteten Ludwig XVI. Er hatte sich während der Revolutionswirren nach Koblenz begeben und kehrte erst 1814/15 nach Frankreich zurück, nachdem die Monarchie wiederhergestellt worden war. Auch er war also ein Bourbone, und Nostradamus spielt darauf an in seiner sehr bildhaften Beschreibung: „Der mit der gebogenen Nase", denn diese Königsfamilie hatte traditionsgemäß sehr ausgeprägte Riechorgane.

Das „Duell", das Nostradamus andeutet, ist so nicht wörtlich gemeint. Ludwig XVIII. war als Bruder des letzten Königs und nach dem Tod dessen Sohnes (der Ludwig XVII. gewesen wäre) der rechtmäßige Erbe des französischen Königsthrons, insofern wurde er nach der Verbannung Napoleons und nach der Neuordnung Europas in aller Ordnung zum König gekrönt. Wenn man sich aber den geschichtlichen Zusammenhang vor Augen hält, wird klar, dass zu dieser Zeit die Monarchie als Herrschaftsform mit der Republik als vorheriger Herrschaftsform konkurriert hat. Nun, die Monarchie hatte den längeren Arm in diesem „Duell", und nach der Wiederherstellung des Königtums folgte eine Verfolgungswelle von Republikanern, die nun die Anhänger der Revolution bestrafen sollte, die ja dazu beigetragen hatten, den König zu stürzen und hinzurichten.

Die Königstreuen, die bei Ausbruch der Revolution geflohen waren, vor allem nach Deutschland, konnten nach der Wiedereinsetzung des Königs unbesorgt zurückkehren. Es verkehrt sich nun also alles genau ins Gegenteil: Die Konservativen, Königstreuen wurden hofiert, und die Republikaner wurden bestraft, verbannt und hatten Repressalien hinzunehmen. Die letzte Zeile, „Die Stärksten“ bezieht sich auf die stärkste Kraft, die ein Land zur Verfügung hat, nämlich die Streitkräfte. Die hatten unter Napoleon natürlich unter dem Banner der Republik gekämpft, und der König musste um seine Sicherheit fürchten, da es keineswegs klar war, ob das Militär seine Regierung stützen würde. Kurzerhand werden die wichtigsten Generäle verbannt, „Seemeilen weit fortgeschickt“.

Die Entdeckung des Planeten Neptun 1846

Jupiter joinct plus Venus qu´à la lune,
Apparoissant de plenitude blanche:
Venus cachée sous la blancheur Neptune,
De Mars frappée par la gravée branche.

(IV,33)

Übersetzung:
Jupiter verbindet sich mehr mit Venus als mit dem Mond,
Und erscheint in voller weißer Helligkeit
Venus versteckt sich unter der Weiße Neptuns,
Von Mars geschlagen durch den schweren Zweig des Mars.

In diesem Quatrain ist viel von Planeten die Rede, vier verschiedene Planeten unseres Sonnensystems werden erwähnt: Jupiter, Venus, Neptun und Mars. Nun, vor vierhundert Jahren, auch noch vor zweihundert Jahren, hätte ein Leser in diesen Vierzeiler etwas ganz anderes gesehen: er hätte die römischen Götter den alten, alchimistischen Zeichen zugeordnet oder ihrer Funktion als Götter eben. Damals kannte man den Planeten Neptun ja noch nicht, und deshalb ist es ungewöhnlich, dass Nostradamus die Entdeckung des neuen Planeten mitsamt seinem Namen voraussieht!

Außerdem ist es verblüffend, dass die Entdeckung Neptuns zu einer Zeit geschah, nämlich am 7. August 1846, als genau die beschriebene Sternenkonstellation am Himmel zu sehen war.

Das Ende der Bourbonen-Dynastie: Der Bürgerkönig Louis-Philippe

Le Roy Gaulois par la Celtique Dextre
Voyant discorde de la Grand Monarchie
Sur les trois pars fera florir son sceptre
Contre la cappe de la Grande hierarchie.

(II,69)

Übersetzung:
Der gallische König durch die keltische Rechte
die Zwietracht der großen Monarchie sehend
Über die drei Teile wird er sein Zepter blühen lassen
Gegen die Kappe der großen Hierarchie.

Nostradamus spielt in seinem Vierzeiler auf die großen Schwierigkeiten an, die Louis-Philippe hatte, seine Herrschaft zu stabilisieren. 1830 durch die Julirevolution an die Macht gekommen, regierte er mit Unterstützung durch die Liberalen. Er war nun nicht mehr „König von Gottes Gnaden“, sondern er war ein vom Volk gewählter König, der 1830 die Macht übernahm. Er beendete auch die langjährige Herrschaft der Bourbonen, da er aus dem Hause Orléans kam. So hatte er also die radikalen Republikaner genauso gegen sich wie den Adel, der die Linie der Bourbonen unterstützte.

Seine im Laufe der Zeit immer reaktionärer werdende Politik führte dann schließlich zur Revolution von 1848, in der er wieder abgesetzt wurde. Nostradamus spielt aber vor allen Dingen auf die Zwietracht an, die durch die unterschiedlichen Interessen der verschiedenen Stände ausgelöst worden ist: Adel und Bürgertum ringen um die Macht, in Louis-Philippe wird ein Kompromiss gefunden, der die drohenden Unruhen immerhin um 18 Jahre aufschieben (=sein Zepter blühen lassen) kann.

Der große Seher aus der Provence benutzt wieder mehrere Bilder für Frankreich und für die Bourbonen. Vor allem Cäsar hat es ihm nun angetan: Cäsar beschreibt in seinem Buch „Der gallische Krieg“ die Provinz Gallien, und die besteht seinem Ermessen nach aus drei Teilen: Dem Lande der Aquitanier, der Kelten und der Belgier. Da Louis-Philippe aus dem Hause Orléans stammt, Orléans aber - in Cäsars Sinn - im Lande der Kelten liegt, ist der Sinn der ersten Zeile klar. Und auch die dritte Zeile wissen wir nun besser zu deuten: Die „drei Teile“ sind natürlich Frankreich. Die „Kappe“ der vierten Zeile ist wieder eins von Nostradamus´ beliebten Wortspielen: Da „Kapetinger“ ein anderes Wort für „Bourbonen“ ist, kann die vierte Zeile eigentlich sinngemäß nur heißen: „Gegen die große Hierarchie der Kapetinger“.

Der Tod des Prinzen von Condé

De nuict dans lict le supresme estranglé
Pour trop avoir seiourné blond esleu,
Par trois l´Empire subroge exancle,
A mort mettra carte, et paquet ne leu.

(I,39)

Übersetzung:
Nachts wird der Erhabene im Bett erwürgt
Weil er zu lange verweilt hat, Blonder Erwählter
Durch drei das Reich ersetzt erschöpft,
Wird zu Tode bringen, Brief, und Paket in Leu

Die Angehörigen des Hauses Condé kämpften zu Lebzeiten Nostradamus´ auf der Seite der Hugenotten. Der Verfasser der Prophezeiungen hat also einen gewissen geschichtlichen Bezug zu dieser Familie. Mit Louis Henry Joseph de Condé stirbt 1830 der letzte Vertreter dieses Adelsgeschlechtes, und zwar auf sehr unrühmliche Weise. Sein Leben verbrachte er zurückgezogen auf seinem Gut nahe St. Leu, fern vom Weltgeschehen. 1830, im Jahr der Revolution, das auch sein Todesjahr sein sollte, war er bereits 74 Jahre alt.

Eines Morgens wird er am Fensterrahmen erhängt aufgefunden. Die Umstände seines Todes sind nie vollständig geklärt worden, ein Selbstmord scheint jedoch ausgeschlossen, da er mit zwei aneinandergeknoteten Taschentüchern am Fensterriegel aufgehängt worden war. Es ist sehr wahrscheinlich, dass es Mord war, denn der König hinterließ denen, die er in seinem Testament (Brief?) zu Erben eingesetzt hatte, ein großes Vermögen. Offenbar wollten die zukünftigen Erben ein wenig nachhelfen, da der Greis sonst bestimmt noch ein paar Jahre länger auf Erden verweilt hätte.

Der Quatrain scheint außerdem wieder einer von der Sorte zu sein, die verschiedene Ereignisse miteinander verknüpfen, die auf den ersten Blick nichts miteinander zu tun haben. Die dritte Zeile handelt vom „Reich", beschreibt also offenbar ein politisches Geschehen. Das Reich Louis Philippes, das 1830, also im Todesjahr des Prinzen von Condé, entstand, wurde 1848 durch die dritte Republik ersetzt! Dafür steht höchstwahrscheinlich der Anfang der Zeile „durch drei".

Der Anschlag gegen Napoleon III (1856)

Le nepveu grand par force prouvera
Le pache fait du coeur pusillanime
Ferrare et Ast le Duc esprouvera,
Par lors qu´au soir sera la pantomime.

(IV,73)

Übersetzung:
Der große Neffe wird durch Gewalt beweisen
den Frieden, mit zögerndem Herzen geschlossen
Ferrara und Asti der Herzog wird es zu spüren bekommen
Wenn am Abend die Pantomime sein wird.

Es handelt sich hierbei um den Großneffen Napoleon Bonapartes, nämlich um den Kaiser Napoleon III. (1808-1873). Er hatte sich 1848 durch die neue republikanische Verfassung zum Präsidenten Frankreichs wählen und 1852 zum erblichen Kaiser erklären lassen. Da er seine innenpolitischen Versprechen aber nicht halten konnte, versuchte er vor allem, außenpolitische Erfolge zu verbuchen. 1856 wurde der Krimkrieg beendet, und die Friedensverhandlungen fanden in Paris statt. Ende März desselben Jahres wird der Friedensvertrag geschlossen, die grundsätzlichen Probleme sind aber noch nicht befriedigend geklärt worden: ein halbherziger Friedensschluss, dem weitere Auseinandersetzungen folgen werden.

Trotzdem hat Napoleon mit dem Ausgang des kriegerischen Konflikts sein Ziel erreicht und das Ansehen Frankreichs bedeutend gesteigert. Innen- und außenpolitisch genießt er nun ein großes Ansehen, das ihm die Stabilität seines Throns sichert - auch wenn nur drei Jahre später der nächste Krieg ausbricht.

Der zweite Teil des Quatrains bezieht sich auf ein anderes Ereignis, das die selbe Person, aber einen anderen Zeitpunkt betrifft: Es geht um den Bombenanschlag, der am 14.1.1858 auf Napoleon III. verübt wurde, just am Abend einer Opernvorstellung, die er zusammen mit der Kaiserin anlässlich der Abschiedsvorstellung des berühmten Baritons Massol besucht. Drei Bomben, die dem Kaiser galten, explodieren, das Kaiserpaar entkommt jedoch unverletzt. Der Attentäter ist ein Italiener, Felice Orsini, der nicht allein das Attentat geplant hatte sondern Mitglied einer Verschwörung war. Dieser Umstand stürzt das Reich in eine Krise, denn es wird deutlich, dass viele Verbannte aus dem Ausland heraus den Widerstand gegen das Regime Napoleons III. organisieren. Vor allen Dingen England und Piemont sind die Aufenthaltsorte der Unruhestifter. Darauf spielt Nostradamus wohl an, wenn er die italienischen Orte Ferrara und Asti nennt.

Der deutsch-französische Krieg von 1870

Le grand conflit qu´on appreste à Nancy,
L´Aemathien dira tout je soubmets:
L´Ile Britanne par vin, sel en solcy,
Hem. mi. deux Phi longtemps ne tiendra Metz.

(X,7)

Übersetzung:
Der große Konflikt, den man in Nancy vorbereitet,
Der Aemathier wird sagen: „Ich werde alles unterwerfen“:
Die britische Insel ist in Sorge wegen Wein und Salz
Hem. mi. zwei Phi Metz wird nicht lange standhalten

Wieder einer von den etwas schwierigeren Quatrains, doch wenn man tiefer in seine Geheimnisse eindringt, sieht man erst, dass er eigentlich sehr genau die Umstände des Kriegsausbruches beschreibt. Einer der wichtigsten Kriegsauslöser war die so genannte Emser Depesche, ein Telegramm, das der Geheimrat H.J.W. Abeken aus Bad Ems an Bismarck schickte, und das es in sich hatte!

Der explosive Inhalt bestand aus dem Protokoll einer geheimen Unterredung zwischen dem deutschen Kaiser Wilhelm I. und dem französischen Botschafter, V. Graf von Benedetti. Diese betraf die französischen Forderungen bezüglich der spanischen Thronkandidatur, mit denen die deutsche Krone aber nicht einverstanden war. Bismarck ließ dieses Schreiben veröffentlichen. Allerdings nicht im Originaltext, sondern er ließ ihn so kürzen, dass die französischen Forderungen wie eine Provokation klingen mussten. Der erwartete Erfolg blieb nicht aus: Frankreich fühlte sich verraten und erklärte Preußen den Krieg.

Lothringen, der Landstrich, in dem Nancy liegt, war einer der Hauptschauplätze dieses Kriegs. Nachdem die Franzosen bei Wörth geschlagen worden waren, zogen sie sich bis Nancy zurück. Am gleichen Tag zogen die Deutschen über Saarbrücken und Forbach von Norden her nach Lothringen ein. Die dortige Division, ca. 130 000 Mann stark, verschanzte sich in Metz, konnte sich aber dort nicht lange halten. Die Deutschen verbuchten schnelle Erfolge und zogen auf die Stadt Paris zu, die General Trochu mit 500 000 Mann verteidigte. Aber weder diese Truppen noch die in aller Eile rekrutierten und mit Heugabeln bewaffneten 600 000 Mann, die aus den Provinzen zusammengezogen waren, konnten den Sieg der deutschen Armee verhindern.

Frankreich verlor in diesem Krieg Elsass-Lothringen an Deutschland. Wohl deshalb betont Nostradamus die Orte Nancy und Metz, die ja ausdrücklich genannt werden, und das macht es uns leicht, den Rest des Vierzeilers zu entschlüsseln. Der „Aemathier“ aus der zweiten Zeile war ursprünglich eine Bezeichnung für die mazedonische Bevölkerung, der man die Tugenden Tapferkeit und Fleiß andichtete. Auch den Deutschen sagt man diese Eigenschaften nach, und nicht nur das: auch der Name „Aemathier“ erinnert an die französische Bezeichnung für die Deutschen „Allemand“.

In der vierten Zeile können wir zumindest das Kürzel „Phi“ in zufrieden stellender Weise auflösen: Der griechische Buchstabe „Phi“ ist außerdem das Kürzel für die Zahl 500 000, das ist ein klarer Hinweis auf die Truppenstärke der Franzosen! Die Abkürzungen „Hem. Mi.“ könnten stehen für „Hemsis missus“, „aus Ems geschickt“, und dies wäre dann ein bis auf den Namen genauer Hinweis auf die Emser Depesche! Allerdings verschleiert Nostradamus diesen Hinweis, die Abkürzung könnte für vieles andere auch stehen, aber da wir ja durch den Rest dieses Textes den Vierzeiler genau zuordnen können, scheint diese Möglichkeit sehr wahrscheinlich. Nostradamus hat offenbar auch nicht mehr Information erhalten und hat deswegen diesen Namen abgekürzt.

Die Friedenszeit und der Ausblick auf den Ersten Weltkrieg

Après la pluye de laict assez longuette,
En plusieurs lieux de Reims le ciel touché:
O quel conflit de sang près d´eux s´appreste;
Pères et fils Roys n´oseront approché

(III,18)

Übersetzung:
Nach dem ziemlich langen Milchregen
An mehreren Orten von Reims der Himmel getroffen
O, welch blutiger Konflikt bereitet sich nahe von ihnen
Väter und Söhne, Könige werden sich nicht in die Nähe wagen.

Es ist selten, dass Nostradamus in seinen Quatrains, die ja sonst sehr oft im Telegrammstil gehalten sind, Gefühle äußert. Hier tut er es jedoch mit einem Aufschrei des Wehs, denn er sieht den schrecklichsten Krieg kommen, den Europa bis dahin jemals erlebt hat: Den ersten Weltkrieg. Gemessen an diesem Krieg musste die Zeit vorher als Zeit erschienen, wo „Milch und Honig flossen". Nicht umsonst wurde diese Epoche als „Belle Epoque" bezeichnet.

Das Ausmaß der Grausamkeit dieses Krieges wird deutlich, wenn man bedenkt, mit welcher Begeisterung ganze Völker über Jahrhunderte hinweg in den Krieg gezogen sind: Krieg, das bedeutete, das Vaterland verteidigen, seine Kräfte messen, Heldentaten vollbringen gegen einen bösen Feind, den es zurückzuschlagen galt. Der Erste Weltkrieg brachte alle diese Konzepte aus den Fugen und verkehrte die vorherige Kriegsbegeisterung in absolutes Entsetzen, was immerhin zum Umdenken führte: Nach diesem schrecklichen Krieg entstand die erste Friedensbewegung in der europäischen Geschichte.

In diesem grausamen Stellungskrieg, in dem es nicht mehr darum ging, Land zu erobern sondern nur noch darum, die Stellung zu halten, unter enormen Verlust an Menschen, konnten keine Heldentaten mehr vollbracht werden. 1.500 000 Tote und mehr als 3 Millionen Tote gab es allein auf französischer Seite. Die ersten Giftgasbomben kamen zum Einsatz und töteten sehr ehrlos, machten dabei ganze Landstriche unfruchtbar. Kein Wunder, dass sich niemand mehr in die Nähe der verseuchten Landstriche wagte. Die Erde war so von Blut getränkt, dass die gesamte Front einem riesigen Friedhof glich. Die Front verlief quer durch die Ardennen und traf die Stadt Reims besonders hart.

Der Erste Weltkrieg

L´horrible guerre qu´en Occident s´appreste,
L´an ensuyvant viendra la pestilence
Si fort terrible que jeune, vieil et beste,
Sang, feu, Mercur, Mars, Jupiter, en France

(IX,55)

Übersetzung:
Der schreckliche Krieg, der sich im Westen abzeichnet,
Im Jahr darauf wird die Pest kommen
So stark und schrecklich, dass Junge und Alte und Tiere (sterben),
Blut, Feuer, Merkur, Mars, Jupiter in Frankreich

Auch in diesem Quatrain betont Nostradamus noch einmal, wie grausam dieser Krieg sein wird, er schreibt gleich zweimal

„schrecklich"! Das hauptsächliche Kriegsgeschehen, die größten Menschenopfer werden im Westen zu beklagen sein, auf französischem Boden. Vor allen Dingen sieht er die Opfer, die durch das Giftgas ums Leben gekommen sind: Da er diese schreckliche Waffe noch nicht kennt, die tatsächlich ein Jahr nach dem Ausbruch des Krieges, nämlich am 22.4.1915 zum ersten Mal eingesetzt wird, bezeichnet er die Todesursache als „Pest". Und tatsächlich werden auch Tiere und Pflanzen daran sterben, denn die Felder, auf denen der Krieg getobt hatte, werden die ersten Jahre keine Früchte tragen; und das Gas macht ja auch nicht vor den Tieren Halt.

In der letzten Zeile nennt Nostradamus wieder mehrere römische Götter, und die Götter benutzt er immer, wenn er uns einen Superlativ zeigen will: Etwas ist besonders stark, übermächtig, „von oben geschickt". Mars ist die zentrale Gestalt, der Krieg, eingerahmt von Merkur, der eigentlich der Gott der Händler, Kaufleute und Reisenden ist. Hier hat dieser „grenzüberschreitende" Gott aber auch eine makabre Nebenbedeutung. Das französische Wort „Mercure" bedeutet, wie das englische „Mercury" auch, „Quecksilber", und Quecksilber ist ein sehr starkes, schleichendes Gift.

Jupiter, der römische Hauptgott, ist der Beherrscher der Lüfte und weist darauf hin, dass im Ersten Weltkrieg auch das erste Mal Flugzeuge zum Einsatz kamen. Durch die drei Götter werden also die drei todbringendsten Elemente des Ersten Weltkrieges genannt.

Die Inflation als Folge des Krieges

Par guerre longue l´exercite expuiser,
Que pour soldats ne trouveront pecune:
Lieu d´or, d´argent, cuir on viendra cuser,
Gaulois aerain, signe croissant de Lune

(VII,25)

Übersetzung:
Durch langen Krieg das Heer erschöpfen
Sodass sie für die Soldaten kein Geld mehr finden:
An Stelle von Gold, Silber, wird man Leder nähen,
Die Gallische Währung, zunehmender Mond

Die Krieg führenden europäischen Mächte hatten damit gerechnet, den Krieg schnell zu beenden. So wurden die Staatskassen schnell geleert, und mit dem vielen neuen, teuren Kriegsmaterial, das im wahrsten Sinne des Wortes verpulvert worden war, wuchsen die Ausgaben ins Unermessliche. Auch mit massenhaften Kriegsanleihen waren die Löcher in den Kassen nicht zu stopfen. Für den sofortigen Gebrauch wird Papiergeld gedruckt - „Leder", wie Nostradamus sich ausdrückt, der es unvorstellbar findet, das so etwas wertloses wie Papier als Währung dienen könnte.

Die Folgen, die daraus erwuchsen, sind allgemeinhin bekannt: Sämtliche am Krieg beteiligten Länder haben hohe Schulden und suchen ihr Land wiederaufzubauen. Die Verlierer des Krieges, also auch Deutschland, werden mit hohen Reparationsforderungen bedacht. Frankreich besteht auf der Erfüllung des Versailler Vertrages, um die eigene Währung zu retten - um selber wieder „zuzunehmen".

Die Revolution des Proletariats

De gent esclave chansons, chants et requestes.
Captifs par Princes et Seigneurs aux prisons:
A l´advenir par idiots sans testes,
Seront receus par divines oraisons.

(I,14)

Übersetzung:
Von S(k)laven Lieder, Gesänge und Bitten.
Gefangene von Prinzen, hohen Herren in den Gefängnissen:
In der Zukunft von kopflosen Idioten
werden sie empfangen als göttliche Gebete

In diesem Quatrain hat Nostradamus die Gelegenheit, wieder einige originelle Wortspiele anzubringen. Erstens schreibt er in der ersten Zeile „esclaves", was eigentlich „Sklave" heißt. Im Mittelfranzösischen finden wir aber auch häufig das gleiche Wort für „Slawe", also Osteuropäer. Im Zusammenhang mit der bolschewistischen Revolution von 1917 bekommt diese Doppeldeutigkeit aber einen Sinn, der wie die Faust aufs Auge passt: Das russische Proletariat erhob sich 1917 unter seinen Anführern, nachdem vorhergehende Aufstände blutig niedergeschlagen worden waren und viele Kommunisten in den Gefängnissen saßen bzw. in die Verbannung geschickt worden waren. Im Oktober 1917 aber wird der Zar, der „hohe Prinz" gestürzt, und die „Diktatur des Proletariats" beginnt.

Für Nostradamus ist dies einfach etwas Unbegreifliches. Es jagt ihm Angst ein, da die kommunistische Bewegung absolut antireligiös ist, und er ja auch nicht die Zusammenhänge sieht, sondern nur Bilder aus der Zukunft, die er oftmals selbst nicht versteht. Daher nennt er die „kopflosen" Menschenmassen eine

Ansammlung von Idioten, die an Stelle von religiösen Kirchenliedern Befreiungslieder singen und einer „Ersatzreligion" anhängen.

Das zwanzigste Jahrhundert ist in der Kulturgeschichte das Jahrhundert der Massenideologien und -bewegungen gewesen. Der Faschismus, der Sozialismus, der Kapitalismus, all diese Bewegungen haben um die Ausfüllung der ideologischen Lücke gebuhlt, die die Aufgabe des alten Feudalsystems entstehen ließ.

Heutzutage leben wir in einer Gesellschaft, die immer offener wird für eine Vielzahl von religiösen Überzeugungen, die auch friedlich nebeneinander existieren können, und das sieht der größte Teil der im Westen lebenden Menschen als etwas sehr Positives. Nostradamus aber ist sehr empfindlich in Bezug auf diese Fragen. Wir müssen uns, um ihn besser verstehen zu können, vor Augen halten, dass er der Sohn eines Konvertiten war, der aus Überzeugung vom jüdischen zum katholischen Glauben übergetreten war! Deshalb ist er vollständig auf der Seite der katholischen Kirche, die zudem damals durch Luther erhebliche Konkurrenz bekommen hatte. Nostradamus hat die Verwirrungen der Reformation in ihrer wichtigsten Phase hautnah mitgekriegt und hatte daher immer Angst um das Fortbestehen der katholischen Kirche. Deshalb haben Vierzeiler wie dieser einen stark emotionalen Charakter.

Die Oktoberrevolution von 1917

Im Oktober darauf werden große Verschiebungen stattfinden. Sie werden so schlimm sein, dass es scheint, die Erde sei von ihrem Kurs abgekommen und in die Tiefen des Weltalls geschleudert worden. Im Januar/Februar vorher und auch nachher werden ungeheure Veränderungen in den einzelnen Ländern geschehen, die Gründe dafür sind ein großes Erdbeben sowie die Erstarkung der Macht der üblen Tochter, des neuen Babylons, die wachsen konnte nach den Schrecknissen des ersten Holocaustes. Länger als 73 Jahre und sieben Monate wird ihre Herrschaft nicht andauern können.
Und dann wird einer hervorkommen aus dem lange Zeit unfruchtbaren Stamm, er wird auf dem 50. Breitengrad geboren werden, und er wird die ganze christliche Kirche erneuern. Friede und Eintracht wird unter den Menschen herrschen, die vorher abgegrenzt und durch Gefangenschaft verwirrt worden waren. Die Regierungen der einzelnen Länder werden diesen Frieden so fest verankern, dass die Kräfte, die den Krieg fördern wegen unterschiedlicher Ansichtsweisen, erfolgreich in Schach gehalten werden. Das Reich des Tollwütigen, der sich für einen Weisen ausgab, wird vereinigt werden.
Die Ansiedlungen, Städte, Gebiete und Provinzen der Feinde, die erst vom (rechten) Wege abgekommen waren, um die Freiheit zu suchen, haben sich dadurch in noch schlimmere Gefangenschaft gebracht. Sie werden ihre Freiheit fallen lassen und zur Rechten zurückkehren, nachdem sie ihre eigene Religion vollkommen verloren und sich von der linken Partei losgerissen haben.

(Brief an König Heinrich)

Dieses große Ereignis ist eines der wenigen, die so groß und wichtig sind, dass Nostradamus es unverschlüsselt in seinem Brief an Heinrich II. mitteilt, und zwar in einer Art und Weise, wie sie genauer nicht vorausgesehen werden kann. Nachdem Ende Februar 1917 der Zar abgelöst und eine Republik unter der Regierung der Bürgerlichen errichtet worden war, brach nur acht Monate später die große Oktoberrevolution aus.

Europa befand sich zur damaligen Zeit noch mitten im ersten Weltkrieg, an dessen Ende die Verhältnisse in Europa völlig auf den Kopf gestellt waren. Der Sturz des russischen Zaren stand nur für ein Königreich, das auf den Kopf gestellt worden war. Auch Deutschland erlebt seine Revolution am Ende des Ersten Weltkriegs und wird in eine Republik umgewandelt. Das ehemalige Großreich Österreich-Ungarn zerfällt in viele Teile, und außer der Republik Österreich werden die Staaten Ungarn und Tschechoslowakei gegründet. Drei der größten Mächte Europas verlieren also ihren König und werden von Grund auf neu gestaltet.

Was er danach beschreibt, das „Babylon", ist das Sinnbild für die Verwirrung, ganz offenbar geht es um die ideologische Verwirrung, denn er spielt danach auf den Nationalsozialismus und die Massenvernichtung in den Konzentrationslagern an. Seinen Voraussagen nach müssten diese Gespenster in heutiger Zeit allerdings besiegt sein, denn diese Zeit wird 73 Jahre dauern. In der Tat sind es vom Februar 1917 genau 73 Jahre bis zum Sommer 1990, in dem eine neue Welle von Umwälzungen in Osteuropa stattfand.

Derjenige, der die christliche Kirche erneuern wird, dürfte demnach bald in Erscheinung treten. Wer weiß, vielleicht ist es ja der amtierende Papst, Johannes Paul II., denn er ist 1920 in Krakau geboren. Das liegt genau auf dem 50. Breitengrad. Aber Nostradamus´ Zeitangabe ist hier zu ungenau, als dass man mit Gewissheit sagen könnte, dieser Erneuerer sei zur Zeit der Oktoberrevolution, während des Zweiten Weltkriegs oder zur Zeit des Niedergangs des Kommunismus geboren. Sicher ist nur, dass er im 20. Jahrhundert auf die Welt gekommen sein wird.

Im letzten Abschnitt sieht Nostradamus sogar ein politisches Konzept beim Namen voraus, obwohl er es selbst noch gar nicht so gekannt haben dürfte: Er spricht vom Rechtsruck, der in den Staaten der ehemaligen Sowjetunion seit der Wende stattgefunden hat. Die ehemals unterworfene Bevölkerung, vor allen Dingen die des Kaukasus und der muslimischen Teilrepubliken, begehren auf, und täglich hören wir neue Meldungen von kriegerischen Konflikten in diesen Gebieten. Dabei besinnen sich diese Völker wieder auf ihre eigenen Traditionen, die meisten Konflikte sind nationalistischer Natur: Sie schlagen „von der linken Seite nach rechts los".

Die Unterdrückung der Kirche durch die Bolschewisten

L´Antechrist trois bien-tost annichilez,
Vingt & sept ans durera sa guerre:
Les hérétiques morts, captifs exilez,
Sang corps humain, eau rouge, gresle terre.

(VIII,77)

Übersetzung:
Der Antichrist drei bald zerstört,
27 Jahre wird sein Krieg dauern:
Die Häretiker tot, Gefangene werden in die Verbannung geschickt,
Blut, menschlicher Körper, rotes Wasser, Hagel Erde.

Nach der Oktoberrevolution und der Machtübernahme der Bolschewisten in Russland beginnt der erklärte Kampf gegen die Kirche und ihre Vertreter. Getreu nach der marxistischen Devise „Religion ist Opium fürs Volk" werden die Kirchen geschlossen, und die Priester der orthodoxen Kirche sowie sämtliche „Abtrünnige“ (=die Regimegegner) werden verfolgt, gefangen genommen und umgebracht. Dieses brutale Vorgehen gegen die Kirche dauert etwa 27 Jahre, bis 1944, denn kurz vor Kriegsende musste die Sowjetunion den westlichen Alliierten Zugeständnisse machen.

Dieser Quatrain zeigt uns sehr anschaulich, wie der Seher aus der Provence mit dem Begriff „Antichrist“ umgeht. Da die russischen Kommunisten Atheisten sind, sind sie „antichristlich“. Deutungen, in denen der „Antichrist“ als Teufel ausgelegt wird, der auf die Erde hinabsteigt und das Ende der Welt ankündigt, sind maßlos übertrieben. Für Nostradamus ist jeder „Antichrist“, der sich gegen die katholische Kirche stellt. Die „drei“ aus der ersten Zeile kann sich auf die Heilige Dreifaltigkeit beziehen, deren Ansehen durch das sozialistische Regime fast zerstört worden ist.

Francos Aufstieg an die Macht in Spanien

Du plus profond de l´Espagne enseigne,
Sortant du bout et des fins de l´Europe:
Trouble passant auprès du pont de Laigne,
Sera deffaicte par bande sa grand troupe

(X,48)

Übersetzung:
Aus dem tiefsten Inneren Spaniens ein Banner
kommt er hervor von den äußersten Enden Europas:
Er wird Schwierigkeiten haben bei der Brücke von Llanes
Und er wird besiegt durch die Bande seine große Truppe.

Die Aussage ist wieder ziemlich klar und eindeutig dem faschistischen Diktator Spaniens, Francisco Franco Bahamonde (1892-1975) zuzuordnen. Er ist in der galizischen Küstenstadt El Ferrol geboren, die, wenn man so will, tatsächlich am westlichsten Ende Spaniens liegt. Ein anderer, äußerster Küstenzipfel Spaniens jedoch ist für Francos Ruhm bedeutsamer: Die Meerenge von Gibraltar, die er 1936 bei Ausbruch des Bürgerkrieges mit seinen Truppen überschreitet.

Auch Llanes liegt am Meer, in Asturien. Diese Region war 1934 das Zentrum eines heftigen Bergarbeiterstreiks, der von der Linken organisiert worden war, nachdem die Rechte an der Regierung beteiligt worden war. Die Streikenden hatten mehrere Städte besetzt und innerhalb weniger Tage ein gut funktionierendes System eigener Infrastrukturen entwickelt, kurzum: Es herrschten anarchische Zustände im Norden, die das Weiterbestehen der Republik gefährdeten. Franco war derjenige General, der die Niederschlagung dieses Aufstandes befehligte. Der blutige Charakter dieser Auseinandersetzung war ein heftig umstrittenes Politikum in Spanien, das die Republik in argen Misskredit - in große Schwierigkeiten - brachte. Sie sollte bereits ein Vorbote zum Bürgerkrieg werden.

Die letzte Zeile enthält wieder eine Umstellung, wie Nostradamus es öfters macht. Nicht Franco wurde besiegt, sondern die Bande wurde durch seine große Truppe besiegt, nach drei Jahren eines zermürbenden Bürgerkriegs. Es fällt auf, dass Nostradamus gegenüber dem Diktator eine sehr neutrale Sichtweise hat. Er beschreibt Franco weder als einen Guten noch als einen Bösen, sondern er beschreibt einfach die Fakten, wie sie passieren. Da Franco sich stets gut mit der katholischen Kirche hielt, fällt er für Nostradamus in eine andere Kategorie von „Diktator“, im Gegensatz zu Napoleon oder Hitler.

Die nationalsozialistischen Geheimbünde

En Germanie naistront diverses sectes,
S´ approchant fort de l´ heureux paganisme.
Le coeur captif et petites receptes
Feront retour à payer le vray disme.

(III,76)

Übersetzung:
In Deutschland werden verschiedene Sekten entstehen,
die sich sehr an die Zeiten des glücklichen Heidentums anlehnen werden.
Sie sind von einnehmendem Charakter und benutzen billige Rezepte dazu
Sie werden dahin zurückkehren, den wahren Zehnten zu zahlen.

Angesichts der Folgen, die der Nationalsozialismus hatte, scheint es seltsam, dass Nostradamus ausgerechnet auf den Sektencharakter der Nazi-Ideologie zu sprechen kommt. Da wir aber wissen, wie sehr ihm religiöse Fragen am Herzen liegen, darf uns dies nicht verwundern. Er bezeichnet die Geheimbünde, die sich in Deutschland bilden werden, in der zweiten Zeile als heidnisch. Auch der Nationalsozialismus war eine Ideologie, die den Menschen eine Ersatzreligion anbieten und dadurch an Macht gewinnen wollte. Dazu bedienten sich Hitlers Propagandisten alter Tricks („billige Rezepte"), die an Wirksamkeit nichts zu wünschen übrig lassen sollten: Man gehe zurück in der Geschichte bis an die alten Mythen und Legenden, aus einer Zeit, in der es die schriftliche Überlieferung noch nicht gab, und die deswegen viel Geheimnisvolles und vor allem für Jugendliche viel Spannendes bereithält. Man suche alte, für das eigene Volk typische Traditionen und Besonderheiten, mit denen es sich vom Rest Europas abheben und sich von ihm unterscheiden kann. Und daraus schaffe man etwas „Neues“, was in Wirklichkeit alt ist, aber eine ganz neue Wertigkeit erhält, einfach deswegen, weil alte Inhalte von der Propaganda für bestimmte Zwecke umgemodelt wurden.

Vor allem Jugendliche wurden von diesen „neuen“ mystischen Lehren magisch angezogen, und die zahlreichen Jugendorganisationen der Nazis benutzten die alten, heidnischen Kulte (Schließlich ist ja auch das Hakenkreuz eine alte germanische Rune), um ihre völkerverachtende Propaganda unter die Leute zu bringen. Die letzte Zeile dieses Vierzeilers ist und bleibt ein wenig rätselhaft, sie klingt aber wie ein drohender Ausblick in die Zukunft: Der Preis für diese Eskapaden sind teuer, sie werden die Welt noch teuer zu stehen kommen.

Der Tod Pius XI. und die Amtszeit des Papstes Pius XII.

Par le décès du très vieillard pontife,
Sera esleu Romain de bon aage:
Qu´il sera dict que le Siège debiffe
Et long tiendra et de picquant ouvrage

(V,56)

Übersetzung:
Nach dem Tod des sehr alten Papstes
wird ein Römer noch rüstigen Alters gewählt:
So, dass gesagt wird, dass der Heilige Stuhl zerrüttet wird
Er wird sich lange halten und in seiner Amtszeit oftmals anstoßen.

Nachdem der Papst Pius XI. im Februar 1939 82-jährig stirbt, folgt ihm ein Römer auf den Heiligen Stuhl: Eugenio Pacelli, der bei Amtsantritt das noch recht rüstige Alter von 63 Jahren hat. Er soll genauso alt werden wie sein Vorgänger. Pius XII. sah sich nun bestimmt in einer schwierigen Situation, kam er doch ein halbes Jahr vor dem Ausbruch des Zweiten Weltkrieges an die Macht. Er zeigte wohl auch guten Willen, wenn es um die Vermittlung von Friedensangeboten ging und um humanitäre Hilfe, er verurteilte jedoch nicht die Judenverfolgungen durch die Faschisten, weswegen ihm oft ein stillschweigendes Dulden und eine gewisse Mittäterschaft der Kirche an den Nazi-Verbrechen vorgeworfen wurde. Er blieb stets ein sehr umstrittener Papst.

Außerdem trug die autoritäre und stark an die ideologischen Ziele des Westens angelehnte Politik, die er nach dem Krieg betrieb, dazu bei, das Ansehen des Vatikans nicht gerade zu fördern, selbst in Kirchenkreisen nicht! Durch seine Parteinahme für den Westen und gegen den atheistischen Osten - womit er die katholischen Gläubigen des Ostens im Stich ließ -entfernte er sich deutlich vom universalen Auftrag der Kirche und griff in die weltliche Politik ein.

Das „Dritte Reich“ und der Genozid an den Juden

Le tiers premier pis que ne fit Néron,
Vuider vaillant que sang humain répandre:
Rédifier fera le forneron
Siècle d´or mort, nouveau Roy grand esclandre.

(IX,17)

Übersetzung:
Der dritte erste schlimmer als Nero es tat,
Er wird darauf aus sein, Witwen zu machen und menschliches Blut zu vergießen:
Er wird den Brennofen wiedererbauen
Goldenes Zeitalter tot, neuer König großer Skandal.

Dieser Quatrain bezieht sich mit an Sicherheit grenzender Wahrscheinlichkeit auf das Hitler-Regime. „Der dritte erste“ ist wieder eine Wortumstellung, es müsste sinngemäß heißen: Der Erste des Dritten (Reiches). Wahrscheinlich ist Nostradamus wieder einmal auch nur eine sehr vage Angabe in der Vision erschienen. Man muss sich den Empfang solcher Visionen ähnlich wie einen Traum vorstellen: In Träumen erschienen die Dinge auch nie konkret, sondern verschlüsselt, in Symbolen und Vergleichen.

Nostradamus vergleicht Hitler in diesem Quatrain mit Nero, dem römischen Tyrannen, der die gesamte Hauptstadt niederbrennen ließ, um die Schuld dafür auf die Christen zu schieben. Es folgte eine der grausamsten Christenverfolgungen der Geschichte. Hitler wird schlimmer agieren als der römische Kaiser, denn Hitler steht eine ganz andere Maschinerie zur Verfügung. Die Parallele ist in der Tat sehr deutlich sichtbar: Auf die Initiative des Propagandaministers J. Goebbels hin wird in der Nacht vom 9. auf den 10.11.1938 die so genannte „Reichskristallnacht“ angeordnet: Fast sämtliche Synagogen in Deutschland brennen, 91

Juden werden ermordet und unzählige jüdische Geschäfte werden überfallen und geplündert. Der Anlass dazu war ein Attentat, das zwei Tage zuvor auf den deutschen Botschafter in Paris verübt worden war. Als Attentäter wurde der Jude Grynszpan identifiziert, woraufhin die Pogrome gegen die jüdische Bevölkerung ausgelöst und der Hass geschürt wurde. Der systematische Völkermord findet nun eine ideologische Grundlage und wird in einem nie zuvor da gewesenen Ausmaß in die Tat umgesetzt.

Die zweite Zeile braucht nicht weiter kommentiert zu werden, denn sie bezieht sich sowohl auf die Verfolgungen aller „Staatsfeinde“ als auch auf die Kriegsopfer. In der dritten Zeile scheint der Seher aus dem 16. Jahrhundert die Krematorien von Auschwitz und anderen Vernichtungslagern vorauszusehen.

Die letzte Zeile kann auf verschiedene Weise gelesen werden. Nostradamus spricht von einem „goldenen Zeitalter“. Damit wird er wahrscheinlich die Zeit meinen, als Hitler an die Macht kam und seine Versprechen einlöste, die Arbeitslosigkeit zu bekämpfen. Durch eine erfolgreiche, wenn auch sehr kostspielige Arbeitsbeschaffungs- und Sozialpolitik sicherte sich Hitler die Unterstützung der breiten Massen und konnte den Aufschwung nach der Wirtschaftskrise von 1929 nutzen, um den Lebensstandard der Bevölkerung zu steigern. Der Reichskanzler brachte aber nicht nur ein goldenes Zeitalter, sondern auch den Tod in Form von gnadenloser Verfolgung und Krieg. Dies ist die eine Lesart des Wortes „mort“, das sowohl „tot“ heißen kann als auch „der Tod“. Hitler brachte Wohlstand und den Tod. Auf der anderen Seite ist das „goldene Zeitalter“ spätestens mit dem Eintritt in den „totalen Krieg“ tot, vorbei. Aus den Ruinen des Jahres 1945 rauchen nur noch die Schwaden der Erinnerung an bessere Zeiten.

Die Exilregierung General de Gaulles und die Landung der Alliierten Truppen 1944

Règne Gaulois tu seras bien changé,
En lieu estrange est translaté l´empire:
En autres moeurs et lois seras rangé,
Roan, et Chartres te feront bien du pire.

(III,49)

Übersetzung:
Gallisches Reich, du wirst sehr verändert sein,
An einen fremden Ort wird das Reich verlegt werden,
du wirst dich mit anderen Sitten und Gesetzen arrangieren müssen,
Rouen und Chartres werden dir noch schlimmeres antun.

Die ersten drei Zeilen sind doppeldeutig, denn sie beziehen sich gleich auf zwei historische Fakten der neueren französischen Geschichte. Zum einen geht es um das französische Kolonialreich, das große Besitzungen vor allen Dingen in Afrika hatte und von dem ja bis in die heutigen Tage Reste bestehen. Auch heute noch ist Frankreich daher in die Probleme der ehemaligen Kolonien verwickelt, das Land muss sich mit den Sitten und Gesetzen der Nachfolgestaaten arrangieren und sich auch mit der Einwanderung aus diesen Staaten abfinden. Außerdem geht es in diesem Vierzeiler nicht nur um die Gebietsvergrößerung des französischen Staates, sondern auch um die Regierung, die den Sitz verlegt.

Nachdem Paris 1940 von deutschen Truppen besetzt und Frankreich in eine besetzte und eine unbesetzte Zone geteilt ist, findet sich in dem südfranzösischen Örtchen Vichy eine Marionettenregierung unter Maréchal Pétain, die mit den Deutschen kollaboriert. Die „wirkliche“ Regierung unter General de

Gaulle ist aber nach London geflohen und organisiert von der britischen Insel aus den Widerstand gegen die Nazis. Nur durch die Zusammenarbeit zwischen der französischen Exilregierung und den Engländern sowie den Amerikanern , durch die Arrangements, die sie gemeinsam treffen, gelingt die geplante Verteidigungsoffensive, und am 6.6.1944 landen die alliierten Truppen in der Normandie. Sie schreiten über Rouen und Chartres direkt und zügig auf Paris zu!

Dieser Vierzeiler ist ein gutes Beispiel dafür, dass Nostradamus häufig Orte nennt, von denen her Schlimmes droht, die aber nur Wegstationen einer Armee sind, nicht aber selbst die Feinde! Außerdem kann er offenbar manchmal in seinen Visionen nicht Freund und Feind gut erkennen. Er sieht zwar in seiner Vision, dass das Heer schnurstracks auf Paris zumarschiert, um es einzunehmen, er sieht aber nicht, dass Frankreich besetzt ist und von dem Heer befreit werden wird.

Noch einmal deutlicher: Die Landung der Alliierten (6.6.1944)

Quand le grand poisson terrestre et aquatique
Par force vague au gravier sera mis.
Sa forme estrange suave et horrifique,
Par mer aux murs bien tost les ennemis.

(I,29)

Übersetzung:
Wenn der große Fisch, der auf der Erde und im Wasser lebt
Durch eine gewaltige Welle an den Strand geworfen wird
Seine seltsame Form ist süß und schrecklich,
Über das Meer zu den Mauern bald die Feinde.

Die Landung der alliierten Streitkräfte in der Normandie war für den Verlauf des Zweiten Weltkrieges so entscheidend, dass Nostradamus ihr einen eigenen Vierzeiler gewidmet hat. Sehr deutlich können wir außerdem den bildhaften Charakter seiner Visionen erkennen. Der „große Fisch", der da an Land gespült wird, der sowohl auf dem Land als auch im Wasser sich bewegen kann., ist nämlich nichts anderes als ein Amphibienfahrzeug. Eine „gewaltige Welle" spuckte Scharen von solchen Kriegsgeräten an der nordfranzösischen Küste aus, die sich sogleich Richtung Paris in Marsch setzten.

Es ist nicht verwunderlich, dass die Form süß und schrecklich ist: Für die Franzosen, die diese Invasion lange erwartet hatten, war der Anblick solch starker Ausrüstung natürlich eine helle Freude; für die deutschen Besatzer war er dagegen Grauen erregend. Die letzte Zeile beschreibt den Weg, den der „Fisch" antritt, nämlich in Richtung auf die Feinde, die vor allen Dingen hinter der Stadtmauer von Paris sitzen.

Hitler und sein Regime

Viele Quatrains befassen sich mit Hitler, seiner Machtergreifung, Regierungszeit und dem zweiten Weltkrieg. Aber gerade dieses Kapitel der europäischen Geschichte ist eng mit den Voraussagen des Nostradamus verknüpft und wäre fast schon ein eigenes Buch wert. Denn der Diktator und seine Propagandisten durchkämmten regelrecht die Prophezeiungen des Nostradamus, um sich solche Verse herauszusuchen, anhand derer sie ihre Kriegstaktiken ausrichten konnten. Sie fanden eine Menge Verse, die ihnen geeignet schienen, sich selber als siegreich darzustellen und damit den Soldaten Mut zu machen. Aber es gab ebenso viele Hinweise auf das vernichtende Ende, das das „Dritte Reich“ erleben sollte. Das führte schließlich dazu, dass die „Centuries“ verboten wurden! Wir wollen hier nur die wichtigsten Quatrains vorstellen.

> Aupres du Rin, des montaignes Noriques
> Naistra un grand de gent trop tart venu,
> Qui defendra SAUROM. & Pannoniques,
> Qu´on ne saura qu´il sera devenu.
>
> (III,58)

Übersetzung:
Nahe dem Rhein, bei den Norischen Bergen
Wird ein Großer geboren werden, von einem zu spät gekommenen Volk
Der wird um die Sarmaten und die Pannonier kämpfen
Und man wird nicht wissen, was aus ihm geworden ist.

Die Ortsangaben in diesem Vierzeiler sind sehr genau und weisen daher sehr deutlich auf die mit ihnen verbundenen geschichtlichen Ereignisse hin. Adolf Hitler wurde am 20.4.1889 in

Braunau geboren, einer kleinen Grenzstadt zwischen Österreich und Bayern. Sie liegt auch im Gebiet der ehemaligen römischen Provinz Noricum, weshalb Nostradamus also von den „Norischen Bergen“ spricht. Die zweite Zeile trifft in humorvoller Weise genau auf Österreich zu. Dieses Bergland war immer eines der mittelgroßen Mächte, die gerne einen größeren Einfluss auf die Weltgeschichte ausgeübt hätten, sich aber immer nur innerhalb von Bündnissen behaupten konnten. Die Tatsache, dass Österreich nie einen Zugang zum Meer gehabt hat, ist nur ein Ausdruck dieses Mangels.

Die Tatsache, dass Hitler in der Voraussage als „Großer“ erscheint, ist einfach zu erklären, da Nostradamus ja recht wertneutral über militärische Führungspersönlichkeiten schreibt. Für ihn ist jede Person „groß“, die eine hohe Position im Staat innehat. Es ist also keineswegs als moralisches Werturteil gemeint.

Die dritte Zeile bedarf einiger Erläuterungen, da unser Weissager mit der humanistischen Bildung wieder einmal antike Ortsbezeichnungen verwendet hat. Die Sarmaten bezeichnen das Gebiet zwischen dem Baltikum und dem kaspischen Meer, also fast den gesamten europäischen Teil Russlands. Es ist ziemlich genau das Gebiet, in das die Wehrmacht während des Zweiten Weltkrieges eingefallen war. Pannonien ist der antike Name für das heutige Ungarn. Dieses Land, das nach dem Ersten Weltkrieg von Österreich unabhängig wurde, unterstützte die deutsche Wehrmacht.

Die letzte Zeile spielt auf das ungewisse Ende an, das Hitler nahm. Nachdem er sich im Führerbunker, angesichts der unabwendbaren Niederlage, mit Eva Braun hatte trauen lassen, erschossen sich die beiden. Ihre Leichen wurden mit Benzin übergossen und verbrannt, so, wie es der Diktator gewünscht hatte. Rätselhafterweise aber wurden die Leichen nie eindeutig identifiziert, nachdem die Russen den Führerbunker gestürmt hatten.

Translatera en la Grand Germanie,
Brabant et Flandres, Gand, Bruges et Bologne:
La trefve feinte, le grand Duc d´Arménie
Assailira Vienne et la Cologne

(V,94)

Übersetzung:
Er wird nach Großdeutschland einziehen,
Nach Brabant, Flandern, Gent, Brügge und Boulogne:
Der Waffenstillstand ist nur vorgetäuscht, der Großherzog von Armenien
Wird Wien und Köln überfallen.

Diese Voraussage Nostradamus´ war eine derjenigen, die am meisten der Propaganda der Gegenseite nützlich waren, und zwar wird hier vorausgesehen, dass russische Truppen („Großherzog von Armenien"; Stalin wurde unweit von Armenien geboren!) bis Köln vordringen und somit der Gier des deutschen Diktators Einhalt gebieten würden. Bis ins Detail stimmt diese Voraussage. Nach dem Anschluss Österreichs 1938 schien die jahrhundertealte Fantasie von der „großdeutschen Lösung" verwirklicht.

Dem Feldzug nach Frankreich ging die Annexion der Niederlanden und Belgiens voraus, die angegebenen Städte geben ziemlich genau den Weg an, den die Wehrmacht nahm. Der vorgetäuschte Waffenstillstand ist auch als Hitler-Stalin-Pakt bekannt geworden und wurde nur kurz darauf gebrochen. Die Rote Armee wird dann am Ende des Krieges gemeinsam mit den alliierten Truppen in Deutschland einmarschieren; sämtliche Städte, von der östlichsten (Wien) bis zur westlichsten (Köln) werden besetzt werden.

Dem nationalsozialistischen Propagandaministerium war dieser Vers natürlich ein Dorn im Auge, doch es reichte nur die Veränderung eines einzigen Buchstabens, um ihn „unschädlich" zu machen: Der Astrologe K.E. Krafft stieg dadurch zum persönlichen Berater Hitlers auf, dass er den „Armenier" Stalin in einen „Arminier" - Hitler - umwandelte. Aber der unaufhaltsame Lauf der Dinge ließ sich nicht so leicht ins Gegenteil verkehren wie der eine Buchstabe. Es kam, wie es kommen musste, und Krafft wurde zum Tode verurteilt - wegen Sabotage.

Die Nürnberger Prozesse und der Beginn des Ost-West-Konflikts

Des condamnez sera faict un grand nombre.
Quand les monarques seront conciliez:
Mais l´un d´eux viendra si mal encombre
Que guerre ensemble ne seront raliez.

(II,38)

Übersetzung:
Es werden viele verurteilt werden.
Wenn die Staatsoberhäupter sich versöhnt haben.
Aber einer von ihnen wird sich so gegen die anderen stellen,
Dass die, die im Krieg zusammen gekämpft haben, sich nicht wieder vereinigen werden.

Im November 1945 beginnen die Nürnberger Prozesse, bei denen die vier Siegermächte über die wichtigsten Nazi-Anführer zu Gericht saßen. In diesem gigantischen Schauprozess, der erste, in dem das internationale Völkerrecht zur Anwendung kam, wurde Anklage gegen 22 Hauptkriegsverbrecher erhoben. Die Verhandlungen zogen sich über die Jahre 1946-49 hin. Die Vier Mächte, zu Beginn der Prozesse noch vereint und mit gemeinsam verabschiedeten Zielen in Bezug auf die „deutsche Frage", beginnen sich in der Zeit, in der die Prozesse laufen, auseinander zu entwickeln. Jedesmal stimmt eine Macht gegen die gemeinsamen Beschlüsse. Erst ist es Frankreich, später die UdSSR, die ihre eigenen Vorstellungen von einem zukünftigen Europa gegen die anderen durchsetzt.

1949 geht diese Phase ihrem Ende zu. Am 23.5. erklärt die Bundesrepublik Deutschland ihr Grundgesetz, am 7. Oktober gründet sich die DDR - die Spaltung Europas in zwei politisch unterschiedliche Lager ist vollzogen, der Beginn des Kalten Krieges eingeleitet.

Die Besiedlung des Staates Israel durch die Juden

> Nouveaux venus lieu basty sans défence,
> Occuper la place par lors inhabitable,
> Prez, maisons, champs, villes, prendre à plaisance
> Faim, peste, guerre, arpen long labourable.
>
> (II,19)

Übersetzung:
Die Neuankömmlinge gebauter Ort ohne Verteidigung,
Den Ort besetzen, der bis dahin unbewohnbar war,
Wiesen, Häuser, Felder, Städte nehmen sie mit Vergnügen
Hunger, Pest, Krieg, langes bebaubares Land.

Dieser Quatrain ist wieder größtenteils im Telegrammstil geschrieben und enthält keine einzige Ortsangabe, die uns einen Hinweis darauf geben könnte, dass es sich hierbei um den Staat Israel handelt. Aber der Situationszusammenhang und unser heutiges Wissen lassen keine andere Deutung zu. Und wenn wir uns vor Augen halten, dass auch zu Lebzeiten Nostradamus´ die Juden verfolgt wurden, so ist es sehr verständlich, dass der Seher es strikt vermeidet, auch nur irgendeine Andeutung auf die Wahrheit zu machen. Es handelt sich schließlich um ein sehr heikles Thema!

Nach der Vertreibung der Juden aus Palästina war dieses Land sozusagen „unbewohnbar" für die Juden geworden, es gehörte seit dem Mittelalter zum islamischen Einflussbereich. In den Dreißigerjahren jedoch beginnt eine immer zahlreicher werdende Zuwanderung jüdischer Bevölkerung nach Palästina. 1948 wird der Staat Israel ausgerufen, und dieser wird sofort von den USA und der UdSSR anerkannt, also von den beiden Staaten mit dem größten Anteil an jüdischen Einwohnern. Diese „Landnahme" hatte drastische Folgen für die vorher dort ansässige Bevölkerung, über 800 000 Muslime flohen aus diesem Gebiet. Es folgten kriegerische Konflikte, die ja bis in die heutige Zeit andauern.

Die letzte Zeile ist nicht ganz eindeutig, vielleicht wird sich ihr Sinn aber in den nächsten Jahren herausstellen. Es geht in jedem Fall um „langes, bebaubares Land". Wahrscheinlich ist es auch einfach eine sehr bildliche Beschreibung für den Staat Israel, denn das Land hat ja eine sehr lang gestreckte Form. Oder aber es handelt sich um den Gazastreifen, der ja auch ein schmales Stück Land ist und der einen Mittelpunkt der kriegerischen Auseinandersetzungen zwischen Israel und Ägypten darstellt.

Die UNO und die Weltkonferenzen

Paix, union, sera & changement,
Estats, offices bas, haut & haut bien bas
Dresser voyage, le fruict premier tourment,
Guerre cesser, ciuil procez, debats.

(IX,66)

Übersetzung:
Friede, Vereinigung und Veränderung wird sein,
Staaten, Ämter unten oben und oben ziemlich weit nach unten
Reisen veranstalten, die Frucht erster Sturm
Der Krieg wird aufhören, zivile Prozesse, Verhandlungen

1945 wurde die UNO gegründet, als Nachfolgeorganisation des bis dahin bestehenden Völkerbundes. Dieser wurde bereits 1920 ins Leben gerufen. Nach den fürchterlichen Weltkriegen des 20. Jahrhunderts und den schrecklichen neuen Waffen sah man sich gezwungen, neue Wege zu suchen, um besser international kooperieren zu können. Internationale Bündnisse sollten dies erleichtern und einen Grundkonsens Gewähr leisten bei den wichtigsten gemeinsamen Interessen der Staaten.

Die zweite Zeile beschreibt gut den internationalen und auch den demokratischen Charakter der UNO, da sie sich aus vielen verschiedenen Staaten zusammensetzt. Vertreter jeden Landes bekleiden wichtige Ämter in der UNO, und sie werden turnusmäßig gewechselt. Niemand soll Macht über alle Staaten haben, sondern die Länder sollen in größtmöglicher Gleichberechtigung ihre Belange vor den anderen Ländern vertreten und die Probleme gemeinsam mit den anderen lösen können.

„Die erste Frucht wird Sturm bringen", so könnte man die dritte Zeile auch übersetzen. Tatsächlich steckt die UNO noch in den Kinderschuhen, die weltweiten Konferenzen zu den dringlichsten Problemen der Menschheit haben bisher keine zufrieden stellenden Ergebnisse gezeigt, außer Gerede, Verhandlungen, „zivile Prozesse". Die UNO-Botschafter können noch so viel reisen, aber Nostradamus sieht diese Bemühungen trotz allem positiv: Es besteht eine Chance, dass die Kriege aufhören, wenn die Völker sich gemeinsam an einen Tisch setzen.

Der Staatsstreich Ayatollah Khomeinis

Pluye, faim, guerre en Perse non cessée,
La foy trop grande trahira le Monarque:
Par là finie en Gaule commencée,
Secret augure pour un estre parque

(I,70)

Übersetzung:
Regen, Hunger und Krieg in Persien nehmen nicht ab,
Der zu große Glaube wird den Monarchen verraten.
Dort wird er beendet werden, er hat in Gallien begonnen
Geheimes Vorzeichen für ein sparsames Wesen

Seit im Iran die Schahs aus der Dynastie der Pahlewi über das Land herrschten, also seit etwa 1925, waren sämtliche Ansätze, die eine Modernisierung des Landes vorangetrieben hätten, über Bord geworfen worden. Die Großgrundbesitzer und auch der Schah selber bereicherten sich auf Kosten der Bevölkerung, unter anderem durch zahlreiche Enteignungen der Kleinbauern. Und da der alte Schah sich während des Zweiten Weltkrieges an Hitlerdeutschland annähern wollte, wurde er von den Briten und

Amerikanern, die zu dieser Zeit das Land besetzt hatten, zur Abdankung gezwungen. Seinem Sohn Mohammed Reza Pahlewi wurden ab 1941 die Regierungsgeschäfte übertragen.

Als er Anfang der Sechzigerjahre die „Weiße Revolution" ankündigte und lange überfällige Reformen einleiten wollte, war die Unzufriedenheit im Lande schon erheblich angewachsen. Es kam zu Aufständen, die blutig niedergeschlagen wurden. Der Schiitenführer Ayatollah Khomeini musste sich ins Exil zurückziehen, erst in den Irak, und 1978 schließlich, auf Druck seines Heimatlandes, nach Frankreich. Er lässt sich in Neauphle-le-Château, nahe Paris, nieder und ruft sein Volk von dort aus zur Revolution gegen den Tyrannen auf. Im Frühling 1979 sind die Unruhen im Iran auf dem Höhepunkt angelangt. Der Schah sieht sich gezwungen, das Land zu verlassen, und Ayatollah Khomeini übernimmt die Macht.

Die Voraussage ist also ziemlich genau. Die zweite Zeile spielt auf den religiösen Charakter der iranischen Widerstandsbewegung an, die den Schah letztendlich gestürzt hat. Die letzte Zeile mag sich auf die religiöse Strenge beziehen, mit der seitdem im Iran vorgegangen wird. Die Mullahs haben ihrerseits eine Herrschaft errichtet, die der Bevölkerung eine sehr „züchtige" Lebensweise vorschreibt, also, wenn man so will, mit Freiheiten „knausert".

Nostradamus widmet mehrere Vierzeiler den neueren Entwicklungen im Nahen Osten, vor allen Dingen im Iran. Das ist sehr verständlich, denn die gesamte Region ist das Kernstück zwischen Europa, Asien und Afrika. Aus dieser Gegend entstammen die drei Weltreligionen Judentum, Christentum und Islam, und sie hat entscheidend an der Weltgeschichte mitgewirkt. Der große Einfluss, den das Land am Persischen Golf in heutiger Zeit auf Westeuropa ausübt, zeigte sich innerhalb der letzten 25 Jahre an der Ölkrise, die 1973 die Weltwirtschaftskrise auslöste, und an den Golfkriegen, an denen seit 1979 der gesamte Westen beteiligt war!

Der Konflikt um Zypern

Assault farouche en Cypre se prépare,
La larme à l´oeil de ta ruine s´approche:
Byzance classe, Morisque si grand tare,
Deux differens, le grand vast par la roche

(X, 26)

Übersetzung:
Ein wilder Überfall wird auf Zypern vorbereitet,
Die Träne im Auge deiner Ruine nähert sich:
Byzanz Flotte, Mauren so große Schande,
Zwei Verschiedene, der große zerstört durch den Felsen

Seit dem 16. Jahrhundert ist die Insel Zypern unter türkischem Einfluss. Zu Nostradamus´ Lebzeiten also hat sich schon abgezeichnet, was auch heute noch der Zankapfel zwischen Griechenland und der Türkei ist: Die Teilung der Insel in einen griechischen (christlichen) und einen türkischen (muslimischen) Teil („zwei Verschiedene"). 1959 von Großbritannien in die Unabhängigkeit entlassen, ist die Insel seitdem von Kämpfen und bürgerkriegsähnlichen Zuständen gebeutelt.

Der 1960 zum Staatspräsidenten gewählte Grieche Makarios setzte nur drei Jahre später die Sonderrechte außer Kraft, die der türkischen Bevölkerung zugesichert worden waren und strebte den Anschluss der Insel an Griechenland an. Die Türken revoltierten, und der Bürgerkrieg brach aus. Endlose Verhandlungen schufen keine Verbesserungen, im Juli 1974 putschten dann die griechischen Militärs. In der Befürchtung, die Insel würde nun an Griechenland angeschlossen werden, schickte die Türkei ihre Flotte auf den Weg nach Zypern und besetzte ca. 40 % des Territoriums. 1985 proklamierten sie die Türkische Republik Nordzypern, die allerdings international nicht anerkannt wurde.

Deshalb gilt heute der in der Regel griechische Staatspräsident Zyperns international als offizieller Repräsentant der Insel, die Türkei hingegen erkennt ihn nur als Vertreter des griechischen Teils Zyperns an. Heute noch schwelt der Konflikt, und beide Staaten sind noch nicht zu einer Einigung gekommen. Die Voraussage Nostradamus´ lässt uns auch nicht erahnen, wie dieser Streit letztendlich gelöst werden wird. Es ist eine jener Voraussagen, deren genauen Sinn man erst nach ihrer Erfüllung verstanden haben wird.

Der Krieg in Jugoslawien

Laict, sang grenouille escoudre en Dalmatie,
Conflict donné, peste près de Balennes,
Cry sera grand en Esclavonie,
Lors naistra monstre près de Ravenne

(II,32)

Übersetzung:
Milch, Blut Frösche fließen in Dalmatien,
Der Krieg bricht aus, Pest nahe bei Ljubljana
Der Schrei wird groß sein im Land der Slaven,
wenn das Monster bei Ravenna geboren wird

Dieser Vierzeiler beschreibt den Bürgerkrieg in Jugoslawien, der Anfang der Neunzigerjahre ausgebrochen war. Dabei stehen die Frösche in der ersten Zeile für die zweite biblische Plage, die die Ägypter heimsuchte, sie sind als Sinnbild für das Elend aufzufassen. Die Ortsangaben sind recht ungenau, die genaue Bedeutung von „Balennes“ in der zweiten Zeile ist auch noch nicht ganz geklärt. Es könnte auch für „Banja Luka“ stehen, das ja in der Tat während des Krieges schwer heimgesucht worden ist.

Das „Monster von Ravenna“ ist ein weiteres Bild, das es zu klären gilt: Es ist eine alte Sagengestalt, laut der Legende war das Monster von Ravenna ein Tier mit Flügeln (Luftwaffe?) und einer Vogelklaue an Stelle eines Fußes. Es war ein Zwitter, hatte ein Auge am Knie und ein „X“ und ein „Y“ auf der Brust. Diese Körperteile verkörpern den Hochmut, Leichtfertigkeit, Verlust der Seele, Sodomie, aber auch die Tugend und das Heil. Es ist also Sinnbild für Krieg und Frieden zugleich, kann aber auch für den Konflikt zwischen den Religionen stehen!

Die siebenundfünfzigjährige Friedenszeit

De brique en marbre seront les murs réduicts,
Sept et cinquante années pacifiques,
Joye aux humains, renoué l´aqueduict,
Santé, grands fruits, joye et temps melifique

(X,89)

Übersetzung:
Aus marmornen Steinen werden die Mauern wieder errichtet,
siebenundfünfzig Jahre des Friedens,
Freude den Menschen, der Aquädukt wird renoviert,
Gesundheit, große Früchte, Freude und eine Zeit der Sanftmut

Um die zeitliche Zuordnung der 57-jährigen Friedenszeit haben sich viele Nostradamus-Interpreten lange Zeit gestritten. Fontbrune ordnet diese Zeit Ludwig XIV. zu, andere Interpreten warten noch immer darauf, dass sich diese Zeit erfüllt. Es ist jedoch eine Tatsache, dass zurzeit auf mitteleuropäischem Boden seit über fünfzig Jahren kein Krieg mehr stattgefunden hat! Natürlich ist die Zuordnung zur heutigen Zeit reine Spekulation, denn wir werden frühestens ab dem Jahr 2002 erfahren, ob sich diese Voraussage bewahrheitet oder nicht.

Jedenfalls hat Europa eine wirtschaftliche Blüte erlebt wie nie zuvor, und nach den beiden schrecklichen Kriegen hat Europa durch die vielen neuen Bauten ein völlig neues Gesicht bekommen. Der Lebensstandard ist so hoch wie nie („marmorne Steine"). Politisch herrscht auf Grund der vielfachen Bündnisse und der Einigung Europas durch die EU eine „Sanftmut" zwischen den Staaten, wie man sie am Anfang des Jahrhunderts noch kaum für möglich gehalten hätte. Die Wissenschaft findet immer mehr Heilmittel gegen die schlimmsten Krankheiten, und trotz der zunehmenden Anzahl der Todesfälle wegen Krebs und Herzinfarkten, muss man doch bedenken, dass es keine Epidemien gab, die nicht in Griff zu bekommen waren. Verglichen mit den Pestepidemien des 16. Jahrhunderts scheint unser Zeitalter geradezu ein Zeitalter der Gesundheit zu sein!

Sogar die „großen Früchte" könnte man wörtlich nehmen wegen der Neuzüchtungen an Gemüsesorten, die zum Teil einen gewaltigen Umfang haben. Der Hinweis auf den Aquädukt könnte auch als Aufforderung verstanden werden: Es ist wichtig, dass wir uns Gedanken machen über unsere zukünftige Trinkwasserversorgung!

Der Tod Johannes Paul I.

Esleu en Pape d´esleu sera mocqué,
Subit soudain esmeu prompt et timide:
Par trop bon doux a mourir provoqué,
Crainte estreinte la nuit de sa mort guide.

(X,12)

Übersetzung:
Zum Papst gewählt, wird von den Wählern verspottet werden,
Ganz plötzlich wird der Entschlossene, Schüchterne bewegt werden:
Da zu gut, mild wird er zum Sterben gezwungen,
Furcht, überwältigt bei Nacht zu seinem Tode geführt.

Der Tod von Johannes Paul I. bleibt bis heute ein dunkles Kapitel der Geschichte, er wurde am Morgen des 28.9.1978 tot in seinem Bett gefunden, nur vier Wochen, nachdem er zum Papst gewählt worden war. Wahrscheinlich wird dieser Todesfall erst im Verlaufe der nächsten Jahre aufgeklärt werden. Viele Gerüchte kursieren über seinen Tod, es ist bekannt, dass dieser Papst Neuerungen durchführen wollte, die in konservativen Kirchenkreisen nicht gerne gesehen worden wären. Es mag daher ein voreiliger Schluss sein, diesen Vierzeiler seinem Tode zuzuordnen, aber wer weiß, vielleicht hilft ja auch die Prophezeiung, im Nachhinein etwas Licht ins Dunkel zu bringen?

Tatsache ist, dass sein Tod sehr plötzlich und unerwartet kam. Die Tageszeitungen schrieben am Tage nach seinem Tod, dass der neue Papst lächelnd gestorben sei - vielleicht nicht gerade ein Zeichen von Furcht, aber vielleicht befürchtete der Papst, dass er Feinde hatte, die ihm lebensgefährlich werden würden, und er begab sich in sein Schicksal.

Dieser Vierzeiler möge uns deshalb als Übergang zum nächsten Kapitel dienen, da die Prophezeiung sich zwar schon erfüllt zu haben scheint, aber die Umstände seines Todes noch nicht vollständig aufgeklärt worden sind.

... und was noch auf uns zukommen wird

Beginnen wir mit Ereignissen, die bereits jetzt Gegenwart sind und die in absehbarer Zeit gelöst werden müssen.

Die Politikverdrossenheit und die große Enttäuschung durch die leeren Reden

La grande poche viendra plaindre pleurer
D´avoir esleu: trompez seront en l´age
Guière avec eux ne voudra demeurer,
Deceu sera par ceux de son langage.

(VII, 35)

Übersetzung:
Die große Tasche wird zu Klagen anheben und weinen
weil sie gewählt hat: Sie werden im Alter betrogen werden.
Niemand mehr wird mit ihnen bleiben wollen,
sie wird durch ihre Sprache enttäuscht sein.

Diese Situation erinnert uns an die Skepsis, die wir heutzutage haben, was die Einführung des Euro betrifft, die Ratlosigkeit angesichts wachsender EG-Milchseen und Butterberge, die Skandale um die Spitzen der Gesellschaft, die sich in einer zunehmenden Politikverdrossenehit niederschlagen. Die „große Tasche" könnte dabei auf die Zeit des Wohlstands verweisen, der ja zurzeit im Schwinden begriffen ist. Sie ersetzt nämlich den heute so geläufigen Begriff des „Warenkorbs", der die Kaufkraft der Bürger beschreibt.

Das Schlüsseljahr 1999 und der „König des Schreckens“

L´an mil neuf nonante neuf sept mois,
Du ciel viendra un grand Roy d´effrayeur
Ressusciter le grand Roy d´Angoulmois,
Avant après Mars regner par bonheur

(X,72)

Übersetzung:
Im Jahr 1999 im Juli,
Wird ein großer König des Schreckens vom Himmel kommen
Und den großen König von Angoumois wieder erwecken,
Vorher nachher regiert Mars, glücklicherweise

Dieser Quatrain ist einer der „populärsten“, an dem mit am meisten herumgedeutet wurde, denn in kaum einem anderen Vierzeiler nennt uns Nostradamus so eindeutig ein Datum. Gerade das dürfte aber auch darauf hinweisen, dass die Prophezeiung etwas anderes verheißt, als wir uns im Allgemeinen denken. Denn auch bei den Versen, die im Nachhinein identifiziert werden konnten, macht es uns Nostradamus nie so einfach, dass wir die Lösung sofort erraten können. Es könnte also durchaus sein, dass wir Normalbürger gar nicht so viel von diesem „König des Schreckens“ mitbekommen werden.

Denn auch die Ortsangaben sind sehr ungenau. Nur indirekt spricht er vom „König von Angoumois“. Das Angoumois ist eine Gegend in Südwestfrankreich mit der Hauptstadt Angouleme. Es hat auch ein bedeutendes Adelsgeschlecht gleichen Namens gegeben. wir haben ja bereits feststellen können, dass Nostradamus gerne mit Namen von Adeligen und von Orten spielt. Oftmals sind die Namen dabei vage Andeutungen.

Einen wichtigen Hinweis auf den Ort gibt uns auch die letzte Zeile, da der Seher davon ausgeht, dass der Schreckenskönig zur Zeit des Krieges kommen wird. In Europa sieht es zurzeit nicht nach Krieg aus, im Gegenteil: durch die Europäische Union und diverse Bündnisse ist Europa so gut in die Welt eingebettet, dass ein Krieg, der innerhalb des nächsten Jahres ausbrechen soll, zumindest zwischen den europäischen Mächten undenkbar erscheint. Selbstverständlich nimmt die Geschichte der Menschheit oft unerwartete Wendungen, sodass wir nicht unbedingt von der Weltlage ausgehen können, in der wir uns zurzeit befinden. Der „König des Schreckens“ kann nämlich laut der Voraussage alle möglichen Formen annehmen, mit denen wir gar nicht rechnen: Fest steht nur, dass er vom Himmel kommen wird. Es kann sich also genauso um einen Luftangriff handeln wie auch um einen gigantischen Vulkanausbruch, es kann ein Angriff aus dem Weltraum kommen oder ein Meteor einschlagen. Höchstwahrscheinlich wird dies in Südfrankreich passieren.

Bezüglich des Krieges macht uns auch die letzte Bemerkung stutzig: „Glücklicherweise“ ist ein Kommentar, der nur schwerlich zu kommenden Kriegswirren passt, zumal Nostradamus selbst meist mit Leiden und Fürchterliches in einem Atemzug mit dem Krieg nennt.

Die Korruption der Politiker und die Dekadenz der Macht

Le grand crédit, d´or d´argent l´abondance
Aveuglera par libide l´honneur:
Cogneu sera l´adultère l´offence,
Qui parviendra à son grand deshoneur.

(VIII,14)

Übersetzung:
Der große Kredit aus Gold und Silber im Überfluss
Wir durch große Geldgier das Ehrgefühl zum Schweigen bringen:
Der Ehebruch wird bekannt werden, die Kränkung,
Desjenigen, der schließlich seine Entehrung erleben wird.

Laut diesem Vierzeiler müsste diese Voraussage auf einen bestimmten Menschen zutreffen, sie ist jedoch so allgemein gehalten, dass sie auf viele zutreffen kann. In der gegenwärtigen Zeit werden die Verbindungen vieler Politiker in allen Ländern zu gewissen Geheimorganisationen immer offensichtlicher, ob es sich dabei um die unterschiedlichen Clans der Mafia handelt, das Opus Dei oder die Scientology-Sekte; und Hand in Hand damit geht auch die Veruntreuung von Geldern.

Aber nicht nur das organisierte Verbrechen verführt zur Korruption, sondern auch die Macht- und Geldgier der einzelnen. Nicht nur Politiker, sondern jeder, der irgendwie in eine Position gekommen ist, versucht, sie zu seinem Vorteil auszunutzen. Nun kann man sagen, das sei immer so gewesen, in allen Zivilisationen seien Beamte bestochen worden, ja, es sei sogar eine „Ehrensache", ein „Kavaliersdelikt". Genau darin liegt aber der Unterschied. Während in früheren Zeiten nie über solche Affären gesprochen wurde, weil keine Kritik geübt werden durfte, werden heute Korruptionsaffären als große Skandale aufgedeckt und ans Licht gezerrt. Schließlich werden die betreffenden Personen der Gerichtsbarkeit zugeführt und bekommen ihre Strafe, sie werden sozusagen „entehrt“. Wir dürfen gespannt der weiteren Entwicklung entgegensehen.

Die Verfolgung der Kurden in der Türkei

Par toute Asie grande proscription,
Mesme en Mysie, Lysie et Pamphylie:
Sang versera par absolution,
D´un jeune noir remply de felonnie.

(III,60)

Übersetzung:
In ganz Asien große Verfolgungen,
Selbst in Mysien, Lydien und Pamphylien
Blut wird er vergießen, für die Ablösung,
eines jungen Schwarzen/Königs voller Wildheit

Dieser Vierzeiler passt ziemlich genau auf die Verfolgungen der Kurden in Nahost, denn sie werden in ihrem gesamten Siedlungsgebiet, nämlich Türkei, Irak und Iran, verfolgt: Fast im ganzen damals bekannten Asien! Besonders aber hören wir von den Geschehnissen in Anatolien, der Türkei, auf die Nostradamus mit den drei Ortsbezeichnungen „Mysien, Lydien und Pamphylien hinauswill. Der Konflikt dieses Volkes ohne Land für seine Unabhängigkeit („Ablösung“) dauert schon lange Zeit an, und noch immer ist keine Lösung in Sicht.
In der letzten Zeile kann „noir“ viele Bedeutungen annehmen, wie bereits erwähnt, benutzt Nostradamus das Anagramm „noir“ häufig für „roi“. Es kann aber auch für irgendjemand Schwarzes

stehen, sei er schwarz von der Hautfarbe, vom Namen oder von der Farbe seiner Kleidung oder Flagge.

Die Tourismus-Industrie und der Hinweis auf den Erneuerer der Kirche

Les Citoyens de Mésopotamie
Irez encontre amis de Tarragone:
Jeux, ritz, banquets, toute gent endormie,
Vicaire au Rosne, prins cité, ceux d´Ausone

(VII,22)

Übersetzung:
Die Bürger von Mesopotamien
werden gegen die Freunde Tarragonas gehen/werden die Freunde aus Tarragona treffen
Spiele, Lachen. Bankette, alle Leute schlafen,
Der Papst an der Rhône, die Stadt wird eingenommen von den Italienern

Dieser Vers ist von vielen Nostradamus-Interpreten als bevorstehender Angriff des Irak (Mesopotamien) gegen Spanien, Italien und Frankreich gesehen worden. Dabei haben sie jedoch alle nicht berücksichtigt, dass der große Seher in seinem Brief an König Heinrich von einem „anderen kleinen Land Mesopotamien" spricht, und dass aus diesem ein Erneuerer der Kirche und Befreier gegen die Unterdrückung kommen wird. Der Hinweis auf „Tarragona" gibt uns einen Hinweis auf die katalanische Mittelmeerküste in Spanien. Der ganze Vierzeiler enthält nicht eine deutliche Anspielung auf einen Angriff. Das französische Wort „encontre" in der zweiten Zeile kann sowohl „gegen" als auch „treffen" heißen. Es ist also viel wahrscheinlicher, dass es sich um ein freundschaftliches Treffen handelt.

Die dritte Zeile erinnert uns an die Tourismus-Industrie, die ja gerade an der spanischen Mittelmeerküste sowie auch in Avignon (die Stadt an der Rhône, in die sich ehemals die Päpste flohen) besonders viele Besucher willkommen heißt. Das Avignon nicht weit entfernt ist von der italienischen Grenze, verbringen dort viele Italiener ihren Kurzurlaub. Das Land „Mesopotamien", das offenbar zahlreich an der Mittelmeerküste vertreten ist, könnte auch auf Deutschland zutreffen, das ja durch den Rhein und die Oder-Neiße-Linie begrenzt ist. Nostradamus spricht jedoch von einem „kleinen Land", und damit kann praktisch jeder eingrenzbare Landstrich gemeint sein, zum Beispiel das Land zwischen Rhein und Mosel (das alte Lothringen) als Sinnbild für Deutschland, oder auch das Baskenland, das zwischen den Flüssen Ebro und Adour liegt, und das mit Katalonien („Tarragona") durch die Geschichte schicksalhaft verknüpft ist. Dass ausgerechnet in Spanien ein Erneuerer der Kirche zur Welt kommen sollte, erstaunt nicht, denn es ist eines der katholischsten Länder überhaupt.

Die Entwicklung des Papsttums

Den Päpsten und damit auch der Geschichte der katholischen Kirche widmet Nostradamus eine Menge Kapitel. Wir werden hier die Voraussagen sammeln, die er zu diesem Thema gemacht hat.

Die Ermordung des Monarchen

> Un peu devant monarque trucidé,
> Castor Pollux en nef, astre crinite,
> L´erain public par terre et mer vuidé,
> Pise, Ast, Ferrare, Turin, terre enterdite.
>
> (II,15)

Übersetzung:
Ein wenig, bevor der Monarch ermordet wird,
Castor und Pollux im (Kirchen-)schiff, Mähnenstern
Das öffentliche Vermögen wird über Land und Meer ausgeleert werden,
Pisa, Asti, Ferrara, Turin, verbotenes Land.

Die zweite Zeile enthält eine vage Zeitangabe, nämlich den „Mähnenstern". Der Halleysche Komet, der alle 76 Jahre erscheint, zuletzt im Jahre 1986, ist derjenige, der von der Erde aus mit bloßem Auge am besten zu erkennen ist, daher ist es am wahrscheinlichsten, dass hier dieser Komet gemeint ist, obwohl er theoretisch auch auf andere Kometen zutreffen könnte.

Wichtiger allerdings ist der Hinweis, der hier mit dem Papst zu tun hat: Castor und Pollux sind nach der griechischen Sage zwei Söhne des Zeus. Castor wurde getötet, und um die Zwillinge nicht trennen zu müssen, ließ Zeus sie je einen Tag in der Unterwelt und einen Tag auf dem Olymp leben. Es ergeben sich Parallelen zu unserem jetzigen Papst: 1. Er hat einen Doppelnamen, was bislang für die Kirchenoberhäupter unüblich war, er hat also einen Zwillingsnamen. 2. Er ist nicht der Erste diesen Namens: Sein Vorgänger, Johannes Paul I., hatte dieses Amt nur 5 Wochen inne, bevor er - aller Wahrscheinlichkeit nach - ermordet wurde.

Die Voraussage selber bezieht sich allerdings auf die politischen Verhältnisse in Italien, die in den letzten Jahren von Skandalen geprägt waren. Vielleicht ist auch ein anderes Staatsoberhaupt als das italienische gemeint; die Erfüllung des Quatrains steht in jedem Fall noch aus.

Die Warnung des Papstes vor seiner Ermordung in Lyon

Romain Pontife garde de t´approcher
De la cité que deux fleuves arrose:
Ton sang viendra auprès de là cracher,
Toy et les tiens quand fleurira la rose

(II,97)

Übersetzung:
Römischer Pontifex (=Papst), hüte dich davor, dich zu nähern
Der Stadt, in der sich zwei Flüsse ergießen:
Dein Blut wird nahe bei ihr fließen,
Du und die Deinen, wenn die Rose blüht.

Diese Aussage scheint ziemlich klar zu sein, und das muss sie auch, denn sie ist eine Warnung an den Papst, und deshalb ist sie unmissverständlich an diese Person gerichtet. Außerdem enthält der Quatrain eine vage Orts- und Zeitangabe, was Nostradamus sonst auch nicht in dieser Deutlichkeit tut. Andere Vierzeiler weisen auf „Lyon“ als gemeinte Stadt hin, da dort die Rhône und die Saône zusammenfließen, die Stadt auch mehrfach direkt genannt wird. Die Zeit „wenn die Rose blüht“ hat auch zu vielerlei Spekulationen geführt. Vor allen Dingen von solchen Interpreten, die das Ereignis schon sehr bald in Erfüllung gehen sehen. Wahrscheinlich weist die Rose auf den Frühling hin, wenn die Blumen blühen. Vielleicht steht sie aber auch für das Wappenzeichen eines Herrschers oder einer Regierungsform, deren Zeichen die Rose ist.

Der Tod des Papstes nach seiner Gefangennahme

En navigant captif prins grand pontife;
Grand après faillir les clercs tumultuez:
Second esleu absent son bien débife,
Son favori bastard a mort tué.

(V,15)

Übersetzung:
Bei einer Seefahrt wird der große Priester gefangen genommen;
Nachdem der Große gestorben ist, bricht ein Tumult unter den Geistlichen aus.
Ein Zweiter wird in Abwesenheit gewählt werden; sein Vermögen wird eingezogen,
Sein Favorit, von niederer Herkunft, er wird ermordet werden.

Dieser Vierzeiler ist ziemlich deutlich, aber in der ersten Zeile muss es sich nicht unbedingt um eine Seefahrt handeln, obwohl dies die wörtlichste Übersetzung ist. Unklar bleibt, ob der „Favorit“, der ebenfalls ermordet wird, der Zweite gewählte Papst ist, oder ob es sich um jemand anderes handelt. Das „pontife“ (lat. „Pontifex“ = hoher Priester) weist in jedem Fall auf den Papst hin.

Ein Prälat flieht aus Frankreich, das Bündnis zwischen Zypern und Tunis

Le grand Prélat Celtique à Roy suspect,
De nuict par cours sortira hors dur regne:
Par Duc fertile á son grand Roy Bretagne,
Bisance à Cypres et Tunes insuspect.

(VI,53)

Übersetzung:
Der große keltische Prälat ist dem König verdächtig,
Bei Nacht wird er aus dem Königreich wegrennen:
Durch den Herzog wird sich die Bretagne für den König als fruchtbar erweisen,
Byzanz ist Zypern und Tunis unverdächtig.

In diesem Vierzeiler mischen sich mehrere Informationen; offenbar finden die geschilderten Ereignisse zur gleichen Zeit statt. Der „keltische" Prälat ist bestimmt ein Franzose, es kann aber auch ein Ire sein. Die Bretagne nimmt in dieser Zeit eine politische Schlüsselstellung ein. Zypern und Tunesien verbünden sich offenbar, ihnen sind nämlich die Absichten der Türkei klar.

Erneutes Schisma: Kampf zwischen den Weißen und den Roten

Par chapeaux rouges querelles et nouveaux scismes
Quand on aura esleu le Sabinois
On produira contre lui grands sophismes
Et sera Rome lesée par Albannois

(V,46)

Übersetzung:
Durch die roten Kappen Unstimmigkeiten und eine erneute Kirchenspaltung
Wenn man den Sabiner gewählt haben wird
Man wird gegen ihn große Hetzreden schleudern
Und Rom wird von einem Weißen geschädigt werden.

Die Farbbezeichnung „weiß“ und „rot“ für unterschiedliche Parteien kommen bei Nostradamus häufig vor, und sie bestätigen sich immer wieder durch die Geschichte (siehe auch: „Russische Revolution“). Die Tatsache, dass er ausdrücklich Rom als Ort der Handlung nennt, beweist, dass diese Prophezeiung auf das Papsttum hinweist. Die Ernennung eines Sabiners zum Papst wird also große Unstimmigkeiten in der Kirche hervorrufen. Dabei können mit den „Rotkappen“ die Kardinäle gemeint sein, die ja stets in rot-schwarze Gewänder gekleidet sind und ihre Köpfe mit roten Kappen bedecken.

Der Papst gerät in Bedrängnis

En après cinq troupeau ne mettra hors,
Un fuytif pour Penelon laschera:
Faux murmurer secours venir par lors,
Le chef, le siège lors abandonnera.

(X,3)

Übersetzung:
Nach fünf davon wird er die Herde nicht hinausführen,
Einen Flüchtling wird er nach Polen gehen lassen.
Falsch murmelt man, dass zu dieser Zeit Hilfe kommen wird,
Das Oberhaupt wird seinen Sitz dann verlassen.

Dieser Vierzeiler bezieht sich eindeutig auf den Papst, da mit „siège" meistens der Papstsitz in Rom gemeint ist. Die ersten drei Zeilen scheinen darauf hinzudeuten, dass die Christenheit von einer anderen Religion unterdrückt wird, und zwar mindestens fünf (Tage, Wochen, Jahre?) lang. Der Papst wird keine Möglichkeit des Eingreifens mehr haben; er wird abdanken oder zum Abdanken gezwungen.

Der große Stern und die Flucht des Papstes

La grand´ estoile par sept jours bruslera,
Nuée fera deux soleils apparoir,
Le gros mastin tout nuit hurlera,
Quand grand pontife changera de terroir.

(II,41)

Übersetzung:
Der große Stern wird sieben Tage lang scheinen,
Im Schwarm werden zwei Sonnen erscheinen,
Der große Hund wird die ganze Nacht heulen,
Wenn der große Pontifex das Land wechseln wird.

Die Schilderung dieses Tages kündigt große Himmelsereignisse an. Der „Schwarm" und der große Stern könnten einen Kometen und einen Meteoritenregen darstellen, so, wie es auch in II,47 angekündigt wird. Das Erscheinen eines Kometen und ein gleichzeitiger Meteoritenregen kündigen darin eine Revolution und den Beginn des Zeitalters der Anarchie an. Eine genauere Zeitangabe gibt es jedoch leider nicht.

Der Einfall der „Adler“ in Rom und die Flucht des Papstes

Vent Aquilon fera partir le siège,
Par mur jetter cendres, platras, chaulx et poussière:
Par pluye après qui leur fera bien piège,
Dernier secours encontre leur frontière

(IX,99)

Übersetzung:
Wind, Adlerland wird den Papst(-stuhl) zur Flucht veranlassen,
Zu Mauer niederwerfen Asche, Gips, Kalk und Staub:
Durch Regen danach, der ihnen eine Falle stellen wird,
Letzte Hilfe finden sie bei ihrer Grenze.

Dieser Vierzeiler erscheint uns noch ziemlich rätselhaft und wird hier nur in Ansätzen erklärt werden können, denn einige Hinweise können wir durchaus verstehen. Die gesamte Szenerie kommt uns bekannt vor durch den Einfall der Westgoten in Rom während des 5. Jahrhunderts unserer Zeitrechnung. Denn mit „Adlerland“ bezeichnet Nostradamus oft Deutschland oder Russland. Er glaubt auch sehr feste an die Kreisläufe der Welt, daran, dass sich alle Ereignisse im Leben zyklisch wiederholen, so wie auch das Leben eines einzelnen Menschen von ständig wiederkehrenden Zyklen geprägt ist.

In der zweiten Zeile haben wir wieder eine seiner so beliebten Umstellungen: Der „Wind aus dem Adlerland“ wird natürlich die Mauern zu Staub usw. umwerfen, nicht umgekehrt! Was den Zeitpunkt betrifft, so können wir anhand der Zyklik der Geschichte versuchen zu erraten, wann dieses Ereignis stattfinden wird: 476 fielen die Westgoten in Rom ein, das „Adlerland“. 1309, 833 Jahre später, floh der Papst aus Rom nach Avignon. In 833 weiteren Jahren schreiben wir das Jahr 2142. Dies wäre der mögliche Zeitpunkt, an dem sich diese Voraussage erfüllen wird.

Der vorletzte Prophet und sein Beitrag zur Befreiung der Menschheit

Le pénultième du surnom du prophète
Prendra Dial pour son jour & repos:
Loing vaguera par frénétique teste,
Et delivrant un grand peuple d´impos.

(II,28)

Übersetzung:
Der Vorletzte mit dem Beinamen des Propheten
Wird den Dialis zu seinem Tag erklären und ruhen:
Lange Zeit wird er umherziehen, mit frenetischen Ideen in seinem Kopf
und er wird ein großes Volk von seinen Lasten befreien.

Dieses Ereignis wird sich wohl erst recht spät in der Menschheitsgeschichte zutragen, da es sich um den vorletzten Propheten handelt, der diesen Namen auch erhält. Er wird die Religion erneuern und den Dialis zu seinem Tag auswählen, der bei den Römern der „Tag des Jupiter" war, nämlich der Donnerstag. Damit grenzt er sich absichtlich ab von Judentum, Christentum und Islam, die ja jeweils den Samstag, den Sonntag und den Freitag als religiösen Feiertag haben. Der Prophet wird lange umherziehen, aber seine Arbeit wird positive Früchte haben: Er wird die Menschen - ein großes Volk - von ihren Lasten befreien.

Es erstaunt uns, dass Nostradamus dieser Persönlichkeit ein gutes Wirken in Gottes Sinne bescheinigt, denn hier passiert ja etwas sehr ungewöhnliches: Alle drei Weltreligionen werden nebeneinander gestellt, ihre Propheten werden sozusagen gleichermaßen als Gottes Boten anerkannt! Und die Erneuerung der Kirche würde demnach eine Erneuerung der gesamten Religion bedeuten! Für den erzkatholischen Nostradamus müsste das ja eigentlich eine antikirchliche Vision sein, wahrscheinlich schreibt er deswegen von „frenetischen Ideen", die die guten Taten des Propheten wieder relativieren sollen. Doch er sieht Gottes Willen hinter der Existenz mehrerer verschiedener Religionen.

Außerdem versteckt er diesen Hinweis gut. Die meisten Nostradamus-Interpreten haben diesen Quatrain auf den vorletzten Papst hin gedeutet, was durchaus möglich wäre, wenn da nicht diese beiden sehr mehrdeutig auslegbaren Begriffe „Prophet" und „frenetisch" stünden...

Das Ende Roms und das Ende des Vatikans

Ô vaste Rome ta ruine s´approche
Non de tes murs, de ton sang et substance:
L´aspre par lettres fera si horrible coche,
Fer pointu mis à tous jusqu´au manche.

(X,65)

Übersetzung:
O glorreiches Rom, dein Ende naht,
Nicht das deiner Mauern, sondern deines Bluts und deiner Substanz.
Der Raue wird durch Briefe einen so großen Einschnitt hervorrufen,
Dass er die Schwertspitze auf alle ansetzt, bis zum Ärmel(kanal?)

Die letzte Zeile ist nicht ganz eindeutig. Es kann sich um eine Kirchenverfolgung handeln, die England ausspart (da ja dort die anglikanische Kirche residiert und nicht die katholische), denn ansonsten gäbe der „Ärmel" keinen Sinn. Es scheint, dass der

Stadt Rom selbst kein Leid geschehen wird, unter der „Substanz“ der Stadt wird Nostradamus den Vatikan verstehen. Dieses Ende des Papsttums wird offenbar nicht durch eine kriegerische Handlung geschehen, sondern durch „Briefe“ oder „Schriften“. Es ist gut möglich, dass eines Tages eine Art „Vergangenheitsbewältigung“ stattfindet, dass die Kirche gezwungen ist, sich mit den dunklen Kapiteln ihrer Geschichte auseinander zu setzen, und dass die Wahrheit, die dadurch ans Licht gefördert wird, einen Aufschrei von Wut auslöst.

Der „Raue“ kann aber auch ein Vertreter einer anderen Religionsgemeinschaft oder einer Sekte sein, der gegen die katholische Kirche Schriften verbreitet und das Volk aufhetzt. Einzelheiten gehen aus der Voraussage nicht hervor, auch nicht der Zeitpunkt. Allerdings ist es wahrscheinlicher, dass dieses Ereignis noch in weiter Ferne liegt

Umweltzerstörung und Naturkatastrophen

Das große Erdbeben in Nordspanien

Un regne grand demourra desolé,
Auprès de l´Hebro se feront assemblées.
Monts Pyrenées le rendront consolé,
Lorsque dans May seront terres tremblées

(VI,88)

Übersetzung:
Ein großes Reich wird zerstört werden,
Beim Ebro werden sie sich versammeln.
Die Pyrenäen werden ihn trösten,
wenn dann im Mai die Erbe bebt.

Die Bezüge in diesem Vierzeiler sind nicht besonders deutlich und können auf unterschiedliche Ereignisse verweisen. Aber das haben wir bei Nostradamus schon öfter kennen gelernt: Entweder er beschreibt das zu erwartende Ereignis etwas genauer, oder aber er gibt uns eine Zeitangabe. Hier gibt e uns eine ziemlich präzise Ortsangabe. Es handelt sich nämlich um das Gebiet des Ebro, der unterhalb des kantabrischen Gebirges entspringt, Zaragoza durchquert und schließlich südlich von Tarragona ins Mittelmeer mündet.

Die ersten beiden Zeilen scheinen auf militärische Truppen hinzuweisen, die sich am Ebro sammeln, es kann aber auch eine Anspielung auf die Stadt Zaragoza sein. Aus den nahen Pyrenäen jedenfalls scheint Hilfe zu kommen, wenn im Mai ein Erdbeben in dieser Region stattfindet, was allerdings ungewöhnlich ist, da es sich hierbei normalerweise um kein Erdbebengebiet handelt.

Erdbeben und Feuer in Südfrankreich

Tout auprès d´Aux, de Lectoure et Mirande,
Grand feu du ciel en trois nuits tombera:
Cause adviendra bien stupende et mirande,
Bien peu après la terre tremblera.

(I,46)

Übersetzung:
Nahe bei Auch, Lectoure und Mirande
Wird drei Nächte lang großes Feuer vom Himmel fallen:
Die Ursache dafür wird erstaunlich und verblüffend sein,
Kurz danach wird die Erde beben.

Im Zusammenhang mit der Trockenheit in Italien und dem dortigen Krieg nehmen wir diese Voraussage hier auf, obwohl nicht sicher ist, ob das „Feuer, das vom Himmel fällt" nicht eher ein Luftangriff ist. Flugzeuge, die Bomben abwerfen, müssten für einen Menschen des 16. Jahrhunderts in der Tat verblüffend sein. Da die Ursache jedoch nicht geklärt ist und ein Erdbeben nachfolgt, nehmen wir den Quatrain in dem Kapitel „Umweltkatastrophen" auf. Höchstwahrscheinlich gibt es einen Zusammenhang zwischen diesem Erdbeben und dem Beben, das Nostradamus für die französisch/italienische Grenze vorhersagt (X,60).

Die große Dürre im Süden

A quarante huict degré climaterique,
A fin de Cancer si grande sècheresse,
Poisson en mer, fleuve, lac cuit hectique,
Béarn, Bigorre par feu ciel en détresse.

(V,98)

Übersetzung:
Vom 48. Breitengrad,
Zum Ende des Krebses eine so große Dürre,
Meeresfische, Fluss, See, kocht hektisch
Das Béarn, die Bigorre durch Feuer Himmel in Not

Die beiden Wendekreise der Erde verlaufen durch besonders trockene Wüstengebiete. Der Wendekreis des Krebses durchquert die Sahara, die größte Wüste der Welt, die ständig dabei ist, sich weiter auszudehnen. Nicht nur in Afrika breiten sich die Wüsten aus, sondern in der ganzen Welt stellt die zunehmende Versteppung und der damit einhergehende Verlust kostbaren Ackerlands eine besondere Gefahr dar.

Auch die südeuropäischen Mittelmeerländer klagen zunehmend über Wasserknappheit, da sich in den letzten Jahren ein allgemeiner Temperaturanstieg auf der Erde nachweisen ließ und somit wichtige Regenfälle ausblieben. Offenbar wird diese Entwicklung weiter anhalten, die Wüsten werden sich bis zum 48. Breitengrad erstrecken - das wäre dann auf der Höhe von Orléans, Freiburg, München und Wien. Die Dürre wird besonders in den Pyrenäen für Not sorgen, da die Sonne unerbittlich vom Himmel sengen wird. Der Zeitpunkt dieser Katastrophe ist noch ungewiss, Klimaforscher warnen aber bereits heute vor der Möglichkeit eines weiteren Hitzeanstiegs in Europa.

Hitze und Dürre in Griechenland

Pour la chaleur solaire sus la mer,
De Negrepont les poissons demy cuits,
Les habitants les viendront entamer,
Quand Rhod et Gennes leur faudra le biscuit

(II,3)

Übersetzung:
Wegen der Sonnenhitze auf dem Meer,
Bei Euböa die Fische halb gekocht,
Die Bewohner werden sie einsammeln,
wenn ihnen der Keks aus Rhodos und Genua fehlt.

Negrepont war der lateinische Name der Insel Euböa, die an der Ostküste Griechenlands liegt. Nach der Voraussage wird die große Dürreperiode den ganzen Mittelmeerraum erfassen. Sogar die toten Fische aus dem Meer werden die Menschen essen müssen, da die Nahrungsmittellieferungen aus Italien und Rhodos, die ebenso von der Hungersnot betroffen sind, ausbleiben werden.

Trockenheit in Italien und Invasion von Jugoslawien

Entre Campagne, Sienne, Flora, Tustie,
Six mois neuf jours ne pleuvra une goute,
L´estrange langue en terre Dalmatie,
Courira sus, vastant la terre toute.

(II,84)

Übersetzung:
Zwischen Campania, Siena, Florenz und der Toskana
Wird es sechs Monate, neun Tage keinen Tropfen regnen.
Die fremde Sprache auf dalmatischem Boden
Wird nach oben laufen und das ganze Land zerstören.

Dieser Quatrain bestätigt das, was manche Politiker und Wissenschaftler heutzutage bereits fürchten: Die nächsten Kriege werden um Wasser geführt werden, da Trinkwasser auf der ganzen Erde im Begriff ist, ein knappes Gut zu werden. In Italien herrscht Trockenheit, die Dürre breitet sich in ganz Europa aus, und gleichzeitig werden Völker aus dem Süden kommen, die offenbar noch stärker unter dem Wassermangel zu leiden haben.

Allerdings ist die Ortsangabe, die Nostradamus zur Invasion macht, sehr ungenau. Fest steht, dass fremde Völker durch Jugoslawien kommen und sich nach Norden bewegen. Woher sie allerdings kommen, bleibt ungewiss.

Heuschrecken und Bremsen in Italien

Planure, Ausonne fertile, spacieuse,
Produira taons si tant de sauterelle,
Clarté solaire deviendra nubileuse,
Ronger le tout, grand peste venir d´elles

(IV,48)

Übersetzung:
Ebene, fruchtbares, geräumiges Italien,
Wird solche Bremsen und Heuschrecken hervorbringen,
Die helle Sonne wird vernebelt werden,
Alles aufessen, eine große Pest werden sie verursachen.

Die genaue Bedeutung dieses Quatrains ist unter Nostradamus-Interpreten umstritten. Meistens werden die Insekten als ein Symbol für Hubschrauber und die Luftwaffe gesehen, also würde der Vierzeiler einen militärischen Angriff beschreiben, der von Italien ausgeht. Dazu passt aber nicht der Hinweis auf die Fruchtbarkeit des Landes. In jedem Fall muss dieses Ereignis wesentlich vor oder nach der Dürre stattfinden, vielleicht löst die Verwüstung der Ernte durch Insekten aber auch die Dürreperiode aus.

Wechsel zwischen Dürre- und Überschwemmungsperiode

Par quarante ans l´Iris n´aparoistra,
Par quarante ans tous les jours sera veu:
La terre aride en siccité croistra,
Et grands déluges quand sera aperceu.

(I,17)

Übersetzung:
Vierzig Jahre lang wird der Regenbogen nicht erscheinen,
Vierzig Jahre lang wird er jeden Tag gesehen werden.
Die trockene Erde wird noch an Austrocknung zunehmen
Und große Überschwemmungen werden kommen, wenn man den Regenbogen wieder sieht.

Hier gibt uns Nostradamus einige fehlende Informationen: Sowohl die Periode der Dürre als auch die der Überschwemmungen wird jeweils vierzig Jahre lang andauern. Beides hat verheerende Auswirkungen auf den fruchtbaren Boden: Es wird nicht möglich sein, Nahrungsmittel anzubauen. Und aller Wahrscheinlichkeit nach wird es auch ein ewiger Traum der Menschheit bleiben, die Landwirtschaft unabhängig von den Witterungsbedingungen gestalten zu können, allen Treibhäusern und Versuchslaboren zum Trotz.

Die Ursachen für diese Katastrophe werden ebenso wenig genannt. In mehreren Quatrains kündigt Nostradamus eine Klimakatastrophe an. Ob diese mit den Phänomenen zusammenhängt,

Überschwemmung Großbritanniens und Krieg in Italien

La Grande Bretagne comprise l´Angleterre,
Viendra par eaux si haut inonder,
La ligne neusve d´Ausonne fera guerre,
Que contre eux ils se viendront bander.

(III,70)

Übersetzung:
Großbritannien, und einschließlich England,
wird durch Wassermassen so sehr überschwemmt werden:
Das neue Geschlecht aus Ausonien wird Wirren anzetteln,
Dass man sich gegen es verbünden wird.

Dieser Vierzeiler enthält zwei Voraussagen, die offenbar irgendwie zusammenhängen. Da sie sich nicht auf den gleichen Ort beziehen, werden sie wahrscheinlich zur gleichen Zeit einteffen. Zum einen wird Großbritannien, oder zumindest ein Teil des Landes, überschwemmt werden. Dies wäre nur möglich, wenn die Polkappen schmelzen. Klimaforscher warnen schon lange davor, dass die Wahrscheinlichkeit dazu groß ist, wenn die Erwärmung der Erde so weitergeht wie bisher.

Der zweite Teil bezieht sich auf Ereignisse in Italien. „Ausonien" bezeichnet einen antiken Landstrich in Italien, der häufig als Bild für das gesamte Land herhalten muss. „Faire guerre" heißt auf Deutsch eigentlich wörtlich „Krieg machen". Aber das französische Wort „guerre" kommt vom germanischen Wort „Wirren", deshalb kann es sich auf Krieg beziehen, aber auch auf Kriegspläne, die im Keim erstickt werden durch den Aufstand, der sich gegen das „neue Geschlecht", vielleicht eine Diktatur, richten wird.

Die Flüsse treten über die Ufer, Chaos und Plünderung der Städte

Par la tumeur de Heb, Po, Tag, Timbre et Rosne,
Et par l´estang Leman et Aretin:
Les deux grands chefs et citez de Garonne,
Prins, morts, noyez. Partir humain butin.

(III,12)

Übersetzung:
Durch die Turbulenzen im Ebro, Po, Tajo, Tiber und der Rhône
Und im Genfer See und im See von Arezzo:
Die beiden großen Hauptstädte an der Garonne
werden von ihnen erfasst werden, die Menschen werden getötet und ertrinken. Was von den Menschen noch übrig bleibt, wird geplündert werden.

Auf der einen Seite wird die Hitze zunehmen, auf der anderen Seite werden die Niederschläge als Platzregen niedergehen und Unmengen an Erdreich wegschwemmen - das ist eine logische Konsequenz aus der Erwärmung des europäischen Klimas. Das Hochwasser an der Oder im Jahr 1996/97 war wohl ein Vorgeschmack von dem, was auf die Menschen noch zukommen wird.

Der Rhein ändert seinen Lauf

Le Celtique fleuve changera de rivage,
Plus ne tienda la cité d´Agrippine:
Tout transmuté horsmis le vieil langage,
Saturne, Leo, Mars, Cancer en rapine.

(VI,4)

Übersetzung:
Der keltische Strom wird seinen Lauf ändern,
Die Stadt Agrippinas wird nicht mehr standhalten.
Alles wird auf den Kopf gestellt sein, bis auf die alte Sprache,
Saturn im Löwen, Mars im Krebs während dieser Zerstörung.

Der Strom, von dem die Rede ist, kann nur der Rhein sein, denn „Colonia Agrippina“ ist der antike Name der Stadt Köln. Durch welchen Umstand der Rhein dazu kommt, sein Flussbett zu verändern, verrät uns Nostradamus nicht. Fest steht, dass die Stadt Köln im wahrsten Sinne des Wortes „den Boden unter den Füßen verlieren“ wird. Dies wird geschehen, wenn die Sternenkonstellation in der letzten Zeile sich erfüllt.

Die zweite „Sintflut"

Au lieu que HIERON fait sa nef fabriquer,
Si grand déluge sera et si subite,
Qu´on n´aura lieu ni terres s´attaquer,
L´onde monter Fesulan Olympique.

(VIII,16)

Übersetzung:
An dem Ort, wo der Tyrann sein Schiff baut,
Wird eine so große und so plötzliche Sintflut kommen,
dass es keinen Ort und kein Land mehr gibt, das überfallen werden kann.
Die Welle wird bis zum Olympischen Felsen hinaufsteigen.

Zwei Hinweise führen uns nach Griechenland als den möglichen Ort, an dem sich diese Prophezeiung erfüllen wird. Der Name „Hieron" wurde in der griechischen Antike von zwei Tyrannen in Syrakus getragen. Es könnte sich also um das Gebiet um Syrakus handeln, in dem die Überschwemmung stattfindet. Der Name kann aber auch eine vage Zeitangabe sein: Zu dem Zeitpunkt, wenn ein Diktator fliehen will, weil er „seine Felle schwimmen sieht". Genau werden wir dies wohl erst erfahren, nachdem das Ereignis eingetroffen ist.

Die andere Ortsangabe ist der Olymp, der „Sitz der Götter" am Nordrand Thessaliens. Wenn das Wasser also bis zum Rand des Olymp hinaufsteigen sollte, müsste der Meeresspiegel mindestens um ein Kilometer ansteigen. Das hieße also, dass in Europa fast alles unter Wasser gesetzt würde!

Kriege und Frieden

Viele Vierzeiler sind den Kriegen gewidmet, in die Europa verstrickt werden wird. Dabei interessiert Nostradamus vor allen Dingen der Mittelmeerraum. Im Brief an König Heinrich sagt Nostradamus einen großen Krieg im Mittelmeerraum voraus, der womöglich mit Atomwaffen geführt, und der die Erde fast völlig zerstören wird. Doch danach wird eine lange Friedenszeit kommen, denn immer wieder werden Krieg und Frieden abwechseln. Viele Verse sind ohne Orts- und Zeitangaben, deshalb können sie nur schwerlich in eine Reihenfolge gebracht werden.

Militärischer Konflikt zwischen Griechenland und der Türkei

Pendant que Duc, Roy, Royne occupera,
Chef Bizantin captif en Samothrace:
Avant l´assaut l´un l´autre mangera,
Rebours ferre suyvra de sang la trace.

(IV,38)

Übersetzung:
Während der Herzog, König, Königin, besetzen wird,
Der byzantinische Anführer gefangen in Samothrakien
Vor dem Überfall wird der eine den anderen essen,
Gegen ihren Willen werden die Waffen der Blutspur folgen.

Das geschilderte Ereignis scheint besonders tragisch zu sein, da es nicht beabsichtigt ist. Der Krieg wird durch lauter Missverständnisse ausgelöst werden. Offenbar während Verhandlungen zwischen den Regierungen wird ein türkischer Befehlshaber gefangen gesetzt, sei es durch Entführung oder durch Polizeigewalt. Samothrakien ist ein große griechische Insel, die sich unweit von der türkischen Küste befindet. Die dritte Zeile kann sich auf eine Belagerung beziehen, die besonders grausame Auswirkungen hat, oder sie kann auch bildlich gemeint sein: Die Kriegsparteien verzehren sich gegenseitig in Anschuldigungen und politischen Querelen. Ohne einen Krieg auslösen zu wollen, werden sie aber schließlich keinen anderen Ausweg sehen, als zu den Waffen zu greifen.

Die Vereinigung der Roten und der Weißen gegen den babylonischen König

Comme un gryphon viendra le Roy d´Europe,
Accompagné de ceux d´Aquilon.
De rouges et blancs conduira grand troupe,
Et iront contre le Roy de Babylon.

(X,86)

Übersetzung:
Wie ein Greifvogel wird der König Europas kommen,
Begleitet von denen aus Aquilon.
Er wird das große Heer der Roten und der Weißen führen,
Und sie werden gegen den König von Babylon ziehen.

Die Art und Weise, wie die Truppen hier vereinigt sind, scheint auf ein militärisches Bündnis hinzuweisen, wie es die UNO-Truppen darstellen. Hier könnte Aquilon beispielsweise für die USA stehen. Babylon liegt im heutigen Irak, daher ist es bei der angespannten Lage möglich, dass eine gemeinsame militärische Aktion Europas und der USA in einem erneuten Golfkrieg in absehbarer Zeit durchgeführt werden wird.

Krieg in Italien und die Entführung der Dame

Soleil ardent dans le gosier coller,
De sang humain arrouser en terre Estrusque:
Chef seille d´eau, mener son fils filer,
Captive dame conduite en terre Turquie.

(IV,58)

Übersetzung:
Die brennende Sonne klebt in der Kehle,
Von menschlichem Blut wird Italiens Erde begossen:
Anführer Wassereimer, schickt seinen Sohn, schnell zu fliehen,
Die gefangene Dame wird in die Türkei gebracht.

Die letzte Zeile erinnert uns an die unsterbliche Legende vom Trojanischen Krieg, als Paris Helena entführte und in seine Heimat Troja verschleppte. Und diese sagenumwobene Stadt liegt in der heutigen Türkei! Vielleicht möchte diese Zeile die Rolle der französischen Regierung als Vermittler verschleiern. Oder es handelt sich, wie so oft bei Nostradamus, um eine beabsichtigte Parallele zwischen den Ereignissen der griechischen Antike und dem Krieg der Moderne. Erwartet uns in ferner Zukunft also ein neues Troja?

Allerdings scheint die Handlung dieses Vierzeilers sich in Italien zu vollziehen, im Lande der Etrusker. Die erste Zeile kann auch mehrere Bedeutungen haben. Entweder findet der Krieg während der großen Dürreperiode statt, der Anführer mit dem Wassereimer wird also dem dürstenden Volk als ein Retter erscheinen, oder aber sie bezieht sich auf die Waffen, die im Krieg eingesetzt werden. Chemische Waffen könnten die Atemwege verkleben und damit zum Erstickungstod führen. Der „Chef des Wassereimers" könnte dann auch eine Zeitangabe sein: Das Sternzeichen „Wassermann“ heißt auf Französisch „Verseau“, „Wassergießer“.

Die Belagerung der Stadt am Meer

Siège en cité & de nuict assaillie,
Peu eschapés: non loing de mer conflict:
Femme de joye retours fils defaillie:
Poison & lettres cachées dans le plic

(I,41)

Übersetzung:
In der Stadt Belagerung und Angriff bei Nacht,
Wenige entfliehen: nicht weit vom Meer ein militärischer Konflikt:
Frau vor Freude über die Rückkehr des Sohnes stirbt:
Gift & Briefe versteckt im Umschlag.

Dieses Ereignis scheint unabhängig zu sein von dem großen Mittelmeerkrieg, der viele von Nostradamus´ Vierzeilern einnimmt. Es scheint eher ein einzelner militärischer Konflikt zu sein, der eng mit der Trennung der Frau von ihrem Sohn und mit einer damit verknüpften Intrige zusammenhängt. Zeit- und Ortsangaben sind nicht vorhanden

Der Zug der Nordafrikanischen Föderation gegen Italien

De l´Orient viendra le coeur Punique
Fascher Hadrie et les Romulides,
Accompagné de la classe Libique,
Tremblez Mellites et proches isles vuides.

(I,9)

Übersetzung:
Aus dem Orient kommt das punische Herz
Um Hadrian und die Romuliden zu ärgern,
Begleitet von der libyschen Flotte,
Zittert, Malteser und ihr benachbarten leeren Inseln!

Das „punische Herz" bezeichnet in der Geschichtsschreibung die Heimat Hannibals, des nordafrikanischen Feldherrn, der mehrmals gegen Rom in den Krieg zog. Hadrian war ein römischer Kaiser, der auf kostspielige Eroberungszüge verzichtete, zu Gunsten eines größeren Wohlstands innerhalb des Landes. Die Romuliden sind die Abkömmlinge Romulus´, des Gründers von Rom. Die Voraussage scheint also vom Ort her sehr eindeutig: ein nordafrikanisches Heer, womöglich bestehend aus tunesischen und libyschen Truppen, wird Richtung Italien ziehen. Malta, auf halbem Wege zwischen Tunesien und Sizilien gelegen, wird dabei eine Schlüsselstellung innehaben, vielleicht ist diese Insel sogar der Auslöser des Konflikts.

Der Krieg an der italienischen Riviera

Je pleure Nisse, Mannego, Pize, Gennes,
Savone, Sienne, Capue, Modene, Malte
Le dessus sang et glaive par estrennes,
Feu, trembler terre, eau, malheureuse nolte.

(X,60)

Übersetzung:
Ich beweine Nizza, Monaco, Pisa, Genua,
Savona, Siena, Capua, Modena, Malta
Über sie kommt Blut und Schwert, als Einweihung,
Feuer, Erde bebt, Wasser, unglückliche Last

Die gesamte italienische Nordküste, sowie Nizza und Monaco werden durch einen Krieg heimgesucht. Es bleibt offen, ob es sich um eine Invasion handelt oder um Aufstände . Für letzteres spricht die Tatsache, dass die Städte zum Teil recht weit voneinander entfernt sind, Capua ist die einzige Stadt in Süditalien, die betroffen ist! Offenbar sind aber dies die Ereignisse, die den Krieg einleiten, sonst würde Nostradamus hier nicht von „Einweihung" sprechen.

Die letzte Zeile enthält ein paar vage Zeitangaben. Offenbar beginnt der Krieg, wenn die Umweltkatastrophen zugenommen haben und Überschwemmungen abwechselnd mit Dürreperioden Italien heimsuchen. Zusätzlich wird das Land durch ein Erdbeben erschüttert werden.

Die Ausbreitung des Konflikts nach Norden

Cinq et quarante degrez ciel bruslera,
Feu approcher de la grand cité neuve.
Instant grand flamme esparse sautera,
Quand on voudra des Normans faire preuve

(VI,97)

Übersetzung:
Fünfundvierzig Grad Himmel wird brennen,
Feuer nähert sich der großen neuen Stadt.
Moment große zerstreute Flamme wird springen,
wenn man die Normannen herausfordern will.

Wenn Nostradamus Gradangaben macht, dann bezieht er sich damit normalerweise nicht auf die herrschende Temperatur, sondern auf den Breitengrad. Auf dem 45. Grad liegen folgende große Städte: Bordeaux, Valence, Turin, Banja Luka, Belgrad, Bukarest. Es wäre möglich, dass der Krieg, nachdem er in Südfrankreich und Norditalien begonnen hat, sich weiter in den Norden ausbreiten wird, auf den 45. Breitengrad. Die „große neue Stadt" könnte Genf sein, das auf Französisch „Génève" gesprochen wird. Der Angriff gilt einem Volk im Norden, vielleicht geht er gegen die EG, gegen Brüssel, obwohl eine solche Strategie vom heutigen Standpunkt aus ziemlich unwahrscheinlich ist. Die „große zerstreute Flamme" könnte auf Raketen hinweisen, die im Krieg eingesetzt werden.

Die Niedermetzelung des Oberhauptes in Genf

Devant le Père l´enfant sera tué,
Le père après entre cordes de ionc,
Génévois peuple sera esuertué,
Gisant le chef au milieu comme un tronc.

(X,92)

Vor den Augen des Vaters wird sein Kind getötet werden,
Der Vater wird danach zwischen gebundene Seile gelegt,
Das Genfer Volk wird entsetzt sein,
Der Chef wird in der Mitte wie ein Baumstumpf liegen.

Wie alle Quatrains, deren Erfüllung noch erwartet wird, ist auch dieser sehr mehrdeutig. Es ist zum Beispiel unklar, ob es sich bei dem Getöteten um einen Einzelnen handelt, oder ob ganz Genf einem Massaker zum Opfer fallen wird, so, wie es andere Verse des Sehers auch andeuten.

Der Verrat an der Stadt Genf

Le chef du camp au milieu de la presse
D´ un coup de flèche srea blessé aux cuisses:
Lors que Génève en larmes et détresse
Sera trahie par Lozan & Souisses

(IV,9)

Das militärische Oberhaupt wird im Mittelpunkt der Aufmerksamkeit stehen,
Von einem Pfeil in die Schenkel getroffen:
Während Genf in Tränen und Not sein wird,
Wird es von Lausanne und den Schweizern verraten werden.

Die Stadt Genf ist am äußersten Rand des Genfer Sees gelegen, das Gebiet bildet einen schmalen Landstreifen, der weit nach Frankreich hineinragt. Es ist also möglich, dass die Schweiz auf dieses Gebiet verzichtet, wenn sie mit den Besatzern Frankreichs verhandelt., in der Hoffnung, selber einem Angriff zu entgehen. Die ganze Stadt wird also unter Repressalien zu leiden haben, nicht nur das Oberhaupt.

Einfall von Britannien aus in Aquitanien

Vers Aquitaine par insuls Britanniques,
De par eux mesmes grandes incursions:
Pluyes, gelées feront terroirs iniques,
Port selyn fortes fera invasions.

(II,1)

Übersetzung:
In Richtung auf Aquitanien von den britischen Inseln aus,
Von ihnen selbst große Invasionen
Regenfälle, Hageleinschläge werden ungerechtes Unglück bringen,
Port Selyn wird starke Invasionen machen

Auch in diesem Quatrain werden die Kriegshandlungen von Umweltkatastrophen begleitet, diesmal von gewaltigen Niederschlägen, die beide Armeen schwächen werden. Und wieder gibt Nostradamus zwar die Orte und die Bewegungsrichtungen der Armeen an, er gibt uns aber keine genaueren Hinweise weder über die Angreifer noch über den Zeitpunkt der Auseinandersetzung. Der Name „Port Selyn" hat für viele Verwirrungen gesorgt, und er wird es vermutlich auch weiterhin tun. Es ist jedoch sehr wahrscheinlich, dass es sich um die antike sizilianische Hafenstadt Selinunte handelt, die heutzutage nur noch eine Ruinenstätte ist. Wir kennen bereits Nostradamus´ Eigenschaft, Orte zu nennen, von denen aus die Truppen losmarschieren. Offenbar beginnt die Invasion Südfrankreichs zu einem Zeitpunkt, da Sizilien bereits besetzt ist. Frankreich wird also offenbar einen Zweifrontenkrieg zu kämpfen haben.

Frankreich wird von 5 Seiten angegriffen

France à cinq pars par neglect assaillie,
Tunis, Argal esmeuz par Persiens:
Léon, Séville, Barcelonne faillie,
N'aura la classe par les Vénitiens.

(I,73)

Frankreich wird wegen Unachtsamkeit von 5 Seiten angegriffen,
Tunis, Algier angestachelt von Persien:
Léon, Sevilla, Barcelona fallen,
Die venezianische Flotte kommt nicht zu Hilfe.

Die Verstrickung der vielen verschiedenen Länder in den Konflikt scheint anzudeuten, dass auch dieses Ereignis während des großen Mittelmeerkrieges stattfinden wird. Frankreich und Spanien werden eingenommen, ohne, dass sie besonderen Widerstand leisten könnten. Italien sind die Hände gebunden. Der eigentliche Angreifer scheint aus Persien zu kommen.

Paris wird unbewohnbar

Longtemps sera sans estre habitée,
Ou seigne & Marne autour vient arrouser:
De la Tamise & martiaux tentée,
De ceux les gardes en cuidant repousser.

(VI,43)

Übersetzung:
Lange Zeit wird unbewohnt sein
Dort, wo Seine und Marne zusammenfließen.
Von der Themse und den Kämpfen angelockt,
Die Garde wird vorsichtig vor ihnen zurückweichen.

Wer immer auch in Frankreich einfallen wird, sie werden Paris einnehmen und zerstören und danach Kurs auf England nehmen. Das Heer scheint so gewaltig zu sein, dass auch die Engländer in Angst verharren. Dies ist eine deutliche Aussage. Die andere Umstände sind wieder mal im Unklaren.

Zerstörung von Tharsus durch die französische Armee

La grande cité de Tharse par Gaulois
Sera destruite: captifs tous a Turban
Secours par mer du grand Portugalois,
Premier d´esté le jour du sacre Urban.

(VI,85)

Übersetzung:
Die große Stadt Tharsus vom Gallier
Wird zerstört werden, alle Turban(träger) werden gefangen genommen
Hilfe übers Meer vom großen Portugiesen,
Erster im Sommer am Tag des Heiligen Urban.

Tharsus ist eine sehr alte Stadt in Anatolien, ganz im Osten der Türkei. Wenn sich diese Voraussage erfüllt, würde das also bedeuten, dass die französische Armee die gesamte Türkei durchquert und erobert, unterstützt von der portugiesischen Flotte. Sogar eine vage Zeitangabe ist enthalten: Der Tag des Heiligen Urban ist der 25. Mai; um diese Zeit herrscht in der Türkei bereits der Sommer.

Der „Gallier", so müssen wir allerdings einschränken., ist eine Figur, die in mehreren Quatrains vorkommt. Nostradamus schreibt von einem König oder einem Führer aus Blois, der gerade nicht auf Seiten der Franzosen kämpft:

Der Eroberer aus Blois

Par lors qu´un Roy sera contre les siens,
Natif de Blois subjugera Ligures:
Mammel, Cordube et les Dalmatiens,
Des Sept puis l´ombre à Roy estrennes et lémures.

(X,44)

Übersetzung:
Wenn ein König gegen die Seinen ist,
gebürtig aus Blois wird er Ligurien unterjochen:
Mammerta, Cordoba und die Dalmater,
Von Sieben dann der Schatten des Königs Einweihungen und Geister der Verstorbenen

Dieser Vierzeiler ist sehr rätselhaft, jedoch sind die ersten drei Zeilen relativ klar von den Ortsangaben her. Es ist also ein Anführer, der in Blois geboren wurde und der militärische Aktionen gegen Italien, Spanien und Kroatien führen wird. Er ist höchstwahrscheinlich Franzose, muss es aber nicht sein. Es kann sein, dass er auf der Seite Frankreichs gegen die Eindringlinge in Europa kämpft, es kann aber auch sein, dass er auf der gegnerischen Seite kämpft.

Die Seeschlacht und der Sieg „Neptuns“

Après combat & bataille navale,
Le grand Neptune à son plus hault beffroy:
Rouge adversaire de fraieur viendra pasle:
Metant le grand océan en effroy.

(III,1)

Übersetzung:
Nach dem Kampf und der Seeschlacht,
Der große Neptun auf dem Zenit seiner Macht:
Der rote Gegner wird bleich vor Angst:
Und versetzt den großen Ozean in Schrecken

„Neptun“ ist eine beliebte Gestalt aus Nostradamus´ umfangreichen Schatz an Legenden und Mythen. Er ist der römische Gott der Gewässer, oft abgebildet mit seinem Dreizack, und mit diesem Instrument sieht er dem griechischen Poseidon zum Verwechseln ähnlich. Poseidon benutzte dieses Gerät unter anderem, um die Erde zu erschüttern, See- und Erdbeben zu verursachen. Sein Fest, eines der wichtigsten bei den Römern, wurde am 23. Juli gefeiert. Auf den Gott, nicht auf den Planeten gleichen Namens wird er sich wohl beziehen, wenn er in diesem Quatrain den „großen Neptun“ erwähnt.

Es scheint, dass der Gott der Meere hier den Gegner des „Roten“ Heeres verkörpert. Es darf spekuliert werden, wer sich nun hinter dem „Pseudonym“ verbirgt, denn allein das Meer - oder ein Seebeben - wird eine Seeschlacht nicht schlagen. Der Lauf der Geschichte wird uns Klärung verschaffen.

Die Niederlage Mesopotamiens in Südfrankreich

Aux champs herbeux d´Alein & du Varneigue,
Du mont Lebron proche de la Durance,
Camps de deux pars conflict sera si aigue:
Mesopotame defaillira en la France.

(III,99)

Übersetzung:
Bei den grünen Feldern von Alein und Varneigue,
Beim Berge Lebron, nahe der Durance,
Wird von beiden Seiten aus die Schlacht sehr heftig geschlagen werden:
Mesopotamien wird in Frankreich unterliegen.

Schon im Brief an König Heinrich kündigt Nostradamus an, dass es ein anderes kleines Land Mesopotamien geben muss, das aber noch nicht näher bestimmt ist. Es kann sich also hier um die Niederlage des irakischen Heeres handeln oder um die eines anderen Volkes. Es ist sehr erstaunlich, mit welcher Genauigkeit hier der Ort des Geschehens angegeben werden kann. Aleine und Verneigue sind kleine Ortschaften im französischen Département „Bouches du Rhône", der Berg Lebron kann von ihnen aus gesehen werden.

Bürgerkrieg in Südfrankreich

Bazaz, Lectore, Condon, Ausch / Agine,
Esmeus par loys, querele & monopole,
Car., Bourd., Thoulouze Bay, metra en ruine,
Renouveler voulant leur tauropole.

(I,79)

Übersetzung:
Bazas, Lectoure, Condom, Auch und Agen,
Aufgewühlt durch einen religiösen Glauben, Streit und Machtkämpfe,
werden sie Carcassonne, Bordeaux, Toulouse und Bayonne zerstören,
sie wollen ihren Tauropolen-Kult erneuren.

Auch dieser Vierzeiler erinnert uns an längst Vergangenes, wieder ein Beweis dafür, dass sich in der Geschichte der Menschheit alle Konstellationen am Himmel und auf Erden wiederholen. Anfang des 13. Jahrhunderts beschließt Papst Innozenz der III. den Kreuzzug gegen die Albigenser, eine christliche Sekte, die sich von Rom losgesagt hatte. Aus religiösen Gründen zieht ein Heer des Heiligen Römischen Reiches, verbündet mit dem französischen König, in Südfrankreich ein und macht Toulouse und Albi dem Erdboden gleich.

Ähnliches scheint sich in ferner Zukunft zu wiederholen, und zwar auch aus religiösen Gründen. Der Tauropolen-Kult war ein der römischen Göttin Cibeles (Rhea bei den Griechen) gewidmetes Ritual. Er soll hier wohl für einen heidnischen Kult stehen, der in der Zukunft eine Rolle spielen wird.

Krieg und Massaker in der Bourgogne

De la sixième splendeur céleste,
Viendra tonnerre si fort en la Bourgogne,
Puis naistra monstre de très hideuse beste
Mars, Avril, Mai, Juin grand charpin et rogne.

(I,80)

Übersetzung:
Vom sechsten Himmelszeichen her
Wird ein solcher Donner in der Bourgogne niedergehen,
Dann wird ein Monster von einem grausamen Tier geboren
März, April, Mai, Juni großes Zerreißen und Zerschneiden.

Diese Nachricht ist besonders niederschmetternd, deshalb vergleicht Nostradamus den Krieg mit dem Donner und die Massaker, die stattfinden werden, schreibt er nicht Menschen, sondern unvorstellbar grausamen Monstern zu. Als Zeitangabe bleibt uns nur der Verweis auf das „sechste Himmelszeichen", das ist die Jungfrau, die vom 23. August bis zum 22. September den Himmel regiert.

Die Zwillingsherrschaft und der Krieg

Le regne à deux laissé, bien peu tiendront,
Trois ans sept mois posez feront la guerre:
Les deux restables contre rebelleront:
Victor puis nay en Armonique terre.

(IV,95)

Übersetzung:
Das Reich wird Zweien überlassen, sie werden sich nur kurze Zeit an der Macht halten,
Drei Jahre sieben Monate werden sie Krieg führen.
Die beiden, die übrig bleiben, werden dagegen rebellieren.
Der Sieger wird dann im Lande Armorica geboren.

Die Ortsangaben sind hier wieder sehr spärlich, nur die letzte Zeile weist auf den Geburtsort eines Siegers hin: Armorica ist der alte, römische Name für die Bretagne. Es könnte jedoch auch sein, dass es sich hierbei um eine Verballhornung von „Amerika" handelt.
Jedenfalls kommt den Zahlen hier eine wichtige Rolle zu. Es stehen sich jeweils zwei gegenüber: Zwei, die das Reich erben, und zwei, die rebellieren. Vielleicht sind es vier Brüder, die beiden regierenden bekämpfen sich untereinander, bis sie von den anderen beiden zur Räson gerufen werden. Es bleibt wohl noch offen, ob es sich hier auch um einen Bürgerkrieg handeln wird.

Der König verlässt sein Land

Par conflit roy regne abandonnera:
Le plus grand chef fallira au besoing:
Mors, profligés, peu en rechapera:
Tous destranchés, un en sera tesmoing.

(IV,45)

Übersetzung:
Wegen einer Auseinandersetzung wird der König das Land verlassen.
Das höchste Oberhaupt wird in der Notlage nicht da sein.
Tote, Niedergemetzelte, wenige werden entkommen.
Alle abgeschnitten, einer wird davon Zeuge sein.

Es gibt weder Zeit- noch Ortsangaben in diesem Vierzeiler. Wahrscheinlich handelt es sich um ein kleines Land, das derart heimgesucht und von seinem König im Stich gelassen werden wird.

Die arktische Union und die Schreckensherrschaft im Osten

Quand ceux du polle arctic unis ensemble,
Et Orient grand effrayeur & crainte:
Esleu nouveau, soustenu le grand tremble,
Rodes, Bisance de sang barbare teinte.

(VI,21)

Übersetzung:
Wenn die vom arktischen Pol vereinigt sind,
Und im Osten großer Schrecken und Furcht:
Neugewählt, das große Zittern unterstützt,
Rhodos und Byzanz sind von Barbarenblut durchtränkt.

Am arktischen Pol befinden sich außer Eismassen und -bären nur wenige Landstriche. Diejenigen, die am weitesten nach Norden ragen, gehören zur GUS und zu Kanada. Hier wird auf eine große Staatenvereinigung angespielt, wie sie in der UdSSR und nun in der GUS bereits verwirklicht worden sind. Die Schreckensherrschaft im Osten, also aller Wahrscheinlichkeit in Asien, wird durch eine Volksabstimmung bestätigt werden. Sie wird mit dem Massaker oder dem Krieg auf dem Balkan zusammenhängen: Rhodos und Byzanz stehen wieder für die Türkei und Griechenland.

Die Götter erscheinen den Menschen

Les dieux feront aux humains apparence,
Ce qu´ils seront autheurs de grand conflit:
Avant ciel veu serain espée et lance,
Que vers main gauche sera plus grand afflit.

(I,91)

Übersetzung:
Die Götter werden den Menschen erscheinen,
und sagen, dass sie die Urheber des großen Konflikts sind:
Davor werden am klaren Himmel Schwert und Lanze erscheinen,
Und linker Hand wird das größte Leiden herrschen.

Wie meistens, kann auch hier nicht mit Bestimmtheit gesagt werden, um welchen großen Konflikt es sich handeln wird, ob es der große Mittelmeerkrieg oder der Krieg Mitte des 4. Jahrtausends n.C. sein wird. Aller Wahrscheinlichkeit nach handelt es sich jedoch um den letzten großen Krieg, den die Menschheit ausfechten wird.

Die Zerstörung der heiligen Stätten

La grand ruine des sacrez ne s´esloigne,
Provence, Naples, Sicile, Seez et Ponce,
Et Germanie au Rhin & la Cologne:
Vexez à mort par tous ceux de Magonce.

(V,43)

Übersetzung:
Der große Zusammensturz der Heiligen wird nicht fernbleiben,
Die Provence, Neapel, Sizilien, Suez und Pontus,
Und Deutschland am Rhein und Köln,
Werden zu Tode gequält von all denen aus Mainz.

Auch in diesem Quatrain scheint die Erwähnung der Stadt Mainz wieder damit zusammenzuhängen, dass diese Stadt bereits von feindlichen Truppen eingenommen worden ist. Die Bedeutung der Aufzählung der verschiedenen Orte, die zwischen Frankreich und der Türkei liegen, bleibt weiterhin rätselhaft. Aber offenbar geht Nostradamus davon aus, dass feindliche Truppen in diese Länder ziehen, die nicht christlich sind und die die heiligen Stätten schänden werden.

Die Diktatur und die Gefangennahme von 300.000

Sous un la paix partout sera clamée,
Mais non long temps pille et rebellion,
Par refus ville, terre et mer entamée.
Mort et captifs le tiers d´un million.

(I,92)

Übersetzung:
Unter einem wird überall der Frieden ausgerufen werden,
Aber schon nach kurzer Zeit Plünderung und Aufstände.
Wegen des Widerstands Stadt, Land und Meer angetastet.
Tod und gefangen genommen das Drittel einer Million.

Gegen Ende eines Krieges, sei es der große Mittelmeerkrieg oder ein anderer, kommt EINER, der den Frieden erklären und der offensichtlich diktatorisch herrschen wird. Doch das Volk ist gegen ihn, es ist geschwächt und hungrig vom Krieg und verlangt nach der Stillung seiner Bedürfnisse. Der Diktator jedoch ist nur am Machterhalt interessiert und schlägt den Widerstand brutal nieder. Zu diesen wenig erfreulichen Aussichten gibt uns der Seher keine näheren Angaben, weder über den Ort noch über den voraussichtlichen Zeitpunkt.

Neuordnung der Welt, Marseille wird eingenommen

L´ordre fatal sempiternel par chaine,
Viendra tourner par ordre conséquent:
Du port Phocéen sera rompue la chaine
La cité prinse, l´ennemy quant et quant.

(III,79)

Übersetzung:
Die ewige, schicksalhaft verkettete Ordnung
wird sich umwälzen durch eine (neue) konsequente Ordnung:
Vom Hafen Marseilles aus wird die Kette unterbrochen
Die Stadt eingenommen, der Feind zur gleichen Zeit

Die Angaben in diesem Vierzeiler wirken ziemlich abstrakt, da wir noch nicht erahnen können, was es mit der Neuordnung der Welt auf sich hat. Das letzte Mal, dass die Kette im Marseillaiser Hafen zerrissen wurde bei der Einnahme der Stadt war 1425. Da sich die Voraussage nicht darauf beziehen kann, steht die Neuordnung der Welt noch aus. Wahrscheinlich handelt es sich um den Wechsel des Sonnen- zum Saturnzyklus, und der müsste um das Jahr 3797 herum geschehen.

Die lange Friedenszeit

Les fleaux passés, diminué le monde:
Long temps la paix terres inhabitées:
Seur marchera par ciel, terre, mer et onde:
Puis de nouveau les guerres suscitées.

(I,63)

Übersetzung:
Die Plagen sind vorbei, die Welt ist kleiner geworden.
Lange Friedenszeit, unbewohnte Länder.
Sicher wird man durch die Luft, über Land und Wasser gehen.
Dann werden von neuem Kriege entstehen.

Der große Krieg muss fürchterliche Auswirkungen auf die Erde haben: Die - bewohnbare - Welt ist kleiner geworden, sicherlich hat sich auch die Bevölkerungsgröße erheblich verkleinert. Doch offenbar scheint es keine Strahlung zu geben, oder man hat ein Mittel gegen die Strahlung gefunden, denn sonst könnte man sich nicht sicher fortbewegen. In seinen Briefen schreibt der Seher von einer tausendjährigen Friedenszeit, die nach dem großen Krieg kommen wird. Erst im späten 4. Jahrtausend n.C. wird dieses zuende gehen.

Andere wichtige Ereignisse

Wichtige Erfindungen

Quand lampe ardente de feu inextinguible
Sera trouvé au temple de Vestales:
Enfant trouvé feu, eau passant par crible:
Perir eau, Nymes, Tholose cheoir les alles.

(IX,9)

Übersetzung:
Wenn die brennende Lampe aus unauslöschlichem Feuer
Im Tempel der Vestalinnen gefunden wird:
Kind gefunden, Feuer, Wasser durch ein Sieb gesiebt:
Das Wasser versiegt, in Nimes und Toulouse stürzen die Hallen ein.

Die Lampe, von der die Rede ist, hat eine unglaubliche Ähnlichkeit mit einer Glühbirne. Vesta war die Göttin des heimischen Herdfeuers. Die ersten beiden Zeilen weisen also auf die Entdeckung der Elektrizität und ihre Nutzbarmachung in jedem Haushalt hin. Im zweiten Teil des Quatrains wird dann auf eine Erfindung verwiesen, die offenbar noch nicht verwirklicht worden ist. Es scheint jedoch, dass eine Möglichkeit gefunden wird, Energie zu zerlegen und zu speichern. Zur gleichen Zeit etwa werden die Erdbeben und die Dürre im Süden beginnen.

Die Auflösung der großen Vereinigung

Quand les colonnes de bois grrande tremblée
D´Auster conduicte, couvertes de rubriche,
Tant vuidera dehors grand assemblée:
Trembler Vienne & le pais d´Autriche.

(I,82)

Übersetzung:
Wenn die Waldkolonnen großes Zittern
Vom Südwind hervorgebracht, rötlich bedeckt,
So wird die große Versammlung nach draußen strömen
Wien und Österreich werden zittern.

Die Farbe Rot, in der Natur eine Warnfarbe, hat die gleiche Funktion bei Nostradamus: Sie weist auf eine drohende Gefahr hin, meistens tragen die Feinde rot oder sie sind in irgendeiner Weise mit dieser Farbe verbunden. In diesem Falle kommt die Gefahr von Süden und wird vor allen Dingen Österreich betreffen. Dieses wird der Anlass sein, eine große Versammlung aufzulösen, entweder eine internationale Konferenz oder eine internationale Vereinigung (vielleicht die EU, UNO oder NATO?)

Die Prophezeiungen werden verstanden werden

De cinq cents ans plus conte l´on tiendra
Celuy qu´estoit l´ornement de son temps:
Puis à un coup grande clarté donra.
Que par ce siècle les rendra tres-contents.

(III,94)

Übersetzung:
In fünfhundert Jahren wird man gewahr werden
Dessen, der die Zierde seiner Zeit war:
Dann wird es auf einen Schlag große Klarheit geben.
Durch dieses Jahrhundert wird große Zufriedenheit gebracht werden.

Auch wenn es unwahrscheinlich ist, dass Nostradamus sich selber so lobt und sich als „Zierde seiner Zeit“ bezeichnet, so bezieht sich die Voraussage darauf, dass seine Verse verstanden werden. Es ist nicht ganz sicher, von welchem Zeitpunkt an die fünfhundert Jahre gerechnet werden müssen. Zählt man vom Zeitpunkt der Niederschrift der „Centuries“ an, so würde die Prophezeiung frühestens im Jahre 2055 in Erfüllung gehen.

Die Vergiftung des Feindes und die Anarchie

L´ennemi grand vieil deuil meurt de poison:
Les souverains par infimes subjugez:
Pierres pleuvoir, cachés sous la toison:
Par mort articles en vain sont alléguez.

(II,47)

Übersetzung:
Der große alte Feind, Trauer, stirbt an Gift,
Die Souveränen (Herrscher) werden von den niedrigen gestürzt:
Es regnet Steine, versteckt unter der Mähne,
weil die Gesetze tot sind, wird man sich umsonst auf sie berufen.

Dieser Vierzeiler kündigt eindeutig die Zeit der Anarchie an, von der Nostradamus schon im Brief an König Heinrich schreibt. Durch das niedere Volk werden die Herrscher (Nostradamus spricht ausdrücklich in der Mehrzahl von ihnen!) gestürzt; es folgt eine Zeit, in der die geschriebenen Gesetze nicht mehr gelten. Die dritte Zeile enthält wohl das größte Rätsel. Womöglich handelt es sich hier um einen Kometen, der Steine (Meteoriten) mit sich bringt. Es könnte jedoch auch ein Bild dafür sein, dass Gemäuer einstürzen, oder dass die Revolutionäre mit Steinen werfen, so, wie es Demonstranten in den Siebzigerjahren taten.

Das Prestige der arabischen Kultur in Frankreich

Prince Libyque puissant en Occident
François d'arabe viendra tant enflammer:
Savans aux lettres fera condescendent
La langue arabe en François translater.

(III,27)

Übersetzung:
Ein libyscher Prinz, der sehr einflussreich im Westen ist,
Wird die Franzosen sehr für die arabische Kultur begeistern.
Die Gelehrten und Wissenschaftler werden demzufolge
Werke aus der arabischen in die französische Sprache übersetzen.

Was im Mittelalter bereits Wahrheit war, die Blüte der arabischen Wissenschaften und ihre Vorreiterrolle in ganz Europa könnte sich in ferner Zukunft wiederholen. Noch scheint eine solche Situation ein wenig befremdlich, doch der Orient und der Okzident werden nicht nur in Kriege miteinander verstrickt sein sondern ebenso sich kulturell austauschen, und zwar für beide Seiten Gewinn bringend.

Die Verfeindung der Prinzen und Zerstörungen in Italien

Durant l´estoyle chevelue apparente,
Les trois grands princes seront faits ennemis:
Frappé du ciel Paix: terre tremulente:
Po, Timbre undants, serpants sus le bort mis.

(II,43)

Übersetzung:
Während der geschweifte Stern erscheint,
werden sich die drei großen Prinzen verfeinden.
Der Friede wird vom Blitz getroffen, die Erde bebt.
Po, Tiber Überschwemmungen, Schlangen an den Ufern.

Dieser Vierzeiler wäre auch gut im Kapitel „Umweltzerstörungen" untergebracht, doch scheinen das Erdbeben und die Überschwemmungen eher symbolisch gemeint, in jedem Fall mit einem wichtigen Ereignis verbunden zu sein, das internationale politische Auswirkungen haben wird. Welchem Land oder welchen Ländern die drei großen Prinzen angehören, bleibt ungewiss.

Die Verschwörung der 14

Tard arrivé, l´execution faicte:
Le vent contraire: lettres au chemin prinses:
Les conjurés XIIII d´une secte:
Par le Rosseau senez les entreprinses.

(I,7)

Übersetzung:
Zu spät gekommen, die Hinrichtung ist schon vollzogen/die Operation ist ausgeführt:
Der Wind steht ungünstig, Briefe werden auf dem Weg aufgenommen:
Die 14 Verschwörer einer Sekte:
Durch den Roten sind ihre Unternehmungen gezeichnet.

Auch dieser Quatrain spielt auf eine Intrige und eine Verschwörung an, die aber nicht unbedingt mit dem Krieg zu tun haben muss. Sogar die „Exekution" in der ersten Zeile muss sich nicht unbedingt auf eine Hinrichtung beziehen, auch wenn dies sehr wahrscheinlich ist. Der Rote scheint ein Staatsoberhaupt zu sein, das die Taten der Verschwörer deckt oder in dessen Namen die Sekte handelt.

Die Entführung des Roten

Par mer, le rouge sera prins de pyrates,
La paix sera par son moyen troublée:
L´ire et l´avare commettra par sainct acte,
Au grand Pontife sera l´armée doublée.

(V,44)

Übersetzung:
Auf dem Meer wird der Rote von Piraten gefangen genommen,
Der Frieden wird durch dieses Mittel gefährdet werden.
Der Wütende und Geizige wird dies mit einer heiligen Rechtfertigung tun,
Dem Papst wird eine doppelte Armee zur Verfügung stehen.

Zumindest muss der „Rote" eine wichtige Persönlichkeit sein, von dem Krieg und Frieden abhängen. Außerdem hat er in irgendeiner Weise mit dem Papst zu tun, offenbar ist dieser „Rote" ein Anführer aus dem Abendland.

Der mächtige König in Spanien

Dans les Espagnes viendra Roy très puissant,
Par mer et terre subjugant le midy:
Ce mal fera, rabaissant le croissant,
Baisser les aesles à ceux de vendredy.

(X,95)

Übersetzung:
In den Spanien wird ein sehr mächtiger König kommen,
er wird die mittlere Zone/den Mittag unterwerfen.
Dieses Übel wird er tun, und dabei den Halbmond herunterholen,
Die Flügel stutzen den Freitagsmenschen.

Es mag zunächst verwirrend erscheinen, dass Nostradamus von „den Spanien“ spricht, wo es doch nur eines gibt. Zu seinen Lebzeiten war jedoch das spanische Kolonialreich riesengroß und noch im Begriff, sich weiter auszudehnen. Kaiser Karl V. prägte die Devise von seinem Königreich als dem „Reich, in dem niemals die Sonne untergeht“ - denn wenn in Europa die Nacht hereinbrach, strahlte in Amerika die Sonne, und umgekehrt. An diesen König, der im 16. Jahrhundert einer der mächtigsten Männer der Welt war, erinnert uns der vorliegende Vierzeiler.

Der „Midi“ ist auch eine andere Bezeichnung für das französische Zentralmassiv, es ist jedoch fraglich, ob diese Gegend wirklich gemeint ist, denn das Wort lässt viel Bedeutungen offen. Was jedoch das Ziel seines militärischen Ehrgeizes anbelangt, so gibt uns Nostradamus in Zeile 3 und 4 einen Wink mit dem Zaunpfahl: Der „Halbmond“ und die „Freitagsmenschen“ beziehen sich auf die islamische Religion.

Die große Hungersnot

La grand famine que je sens approcher,
Souvent tourner, puis estre universelle,
Si grande et longue qu´on viendra arracher
Du bois racine et l´enfant de mammelle.

(I,67)

Übersetzung:
Die große Hungersnot, die ich kommen fühle,
Wird häufig hin- und hergehen, dann wird sie auf der ganzen Welt herrschen,
So groß und lang dass man ausreißen wird
Die Wurzeln der Bäume und das Kind von der Mutterbrust.

Vielleicht steht die weltweite Hungersnot in Zusammenhang mit der Dürrekatastrophe, die Südeuropa heimsuchen wird. Es ist auch gut möglich, dass sie eine Folge des großen Krieges sein wird, während dessen ein großer Teil des bewohnten Gebietes dem Erdboden gleichgemacht wird, womöglich durch Atomwaffen. Dafür spricht die Tatsache, dass die Hungersnot weltweit herrschen wird. Entweder, die ganze Erde ist atomar verseucht, oder aber es ist ein Klimawechsel eingetreten, der die Vegetation verdorren und die Tiere sterben lässt. Der Zeitpunkt des Geschehens ist nicht festgelegt.

Vorzeichen der Hungersnot oder einer Inflation

Quand le defaut du soleil lors sera,
Sus le plain jour le monstre sera veu:
Tout autrement on l´interpretera.
Cherté n´a garde, nul n´y aura pourveu.

(III,34)

Übersetzung:
Wenn die Sonne sich verfinstern wird,
Wird mitten am Tag das Zeichen gesehen werden:
Man wird es aber ganz anders interpretieren.
Keine Vorsichtsmaßnahmen gegen die Teuerung, niemand wird vorgesorgt haben.

Eine Teuerung, also eine Inflation, setzt immer voraus, dass der Wert des Geldes keinen oder nur einen viel geringeren Gegenwert in Naturalien hat. Wenn also Lebensmittel knapp sind, sind die wenigen verbliebenen sehr teuer. Dennoch ist nicht deutlich, ob es sich einfach um eine Geldentwertung handelt oder um ein Vorzeichen der Hungersnot. Sollte sich dieser Vierzeiler auf den eben angeführten (I,67) beziehen, dann wird die große Hungersnot durch einen plötzlichen Klimawechsel, irgendwelche geheimnisvollen Viren oder eine weltweite Naturkatastrophe (Meteoritenhagel, Vulkanausbruch, der den gesamten Himmel verfinstert) ausgelöst werden. In jedem Fall trifft die Not die Menschen ganz unverhofft.

Die Entführung eines Schotten und sechs Deutschen nach Persien

Le chef d´Ecosse avec six d´Allemagne
Par gens de mer Orientaux captifs
Transverseront le Calpre / Hespagne,
Present en Perse au nouveau roy craintifs.

(III,78)

Übersetzung:
Das Oberhaupt der Schotten mit sechs Deutschen
von orientalischen Seeleuten gefangen genommen
Sie werden Gibraltar & Spanien umschiffen,
und in Persien dem neuen König überbracht werden, voll Sorge.

Wenn man sich vor Augen hält, dass zu Nostradams´ Lebzeiten Deutschland noch aus vielen unzähligen Provinzen bestand, dann können mit den sechsen auch sechs deutsche Oberhäupter gemeint sein. Auch in neuerer Zeit verwundert dies nicht, da Deutschland in jedem der 16 Bundesländer einen Ministerpräsidenten hat. Die Tatsache, dass mehrere Staatsoberhäupter gleichzeitig entführt werden, lässt auf die Verletzung einer großen Konferenz oder eines ähnlichen Anlasses schließen.

Erstaunlich ist auch die Tatsache, dass die Gefangenen mit dem Schiff über das Mittelmeer bis nach Persien gebracht werden. Heutzutage ist das natürlich kein Problem, denn seit Mitte des 19. Jahrhunderts können wir für einen solchen Weg den Suez-Kanal benutzen.

Das „Reich" wird in die Alpen verlegt

> Le monde proche du dernier période,
> Saturne encor tard sera de retour:
> Translat empire devers nation Brodde:
> L'oeil arraché à Narbon par Autour.
>
> (III,92)

Übersetzung:
Die Welt, nah am letzten Zyklus,
Saturn wird noch etwas brauchen, um wiederzukommen,
Wird das Reich in die Gegend von Brodde gebracht:
Narbonne wird das Auge ausgerissen von einem Habicht.

Diese Voraussage wird sich wohl in der Mitte des 3. Jahrtausends n. C. ereignen, oder noch später, es bleibt noch eine geraume Zeit bis 3797. Die Gegend von „Brodde" ist der Sitz eines alten gallischen Stammes und befindet sich im heutigen Département Hautes Alpes, an der Grenze zur Schweiz. Die letzte Zeile wird ein Bild sein, das mit unserem heutigen Wissensstand nicht aufzulösen ist, da sich das Ereignis voraussichtlich erst in ferner Zukunft erfüllen wird.

Neue Kulte und neue Prophezeiungen

Des rois et princes dresseront simulacres:
Augures creuz eslevés, aruspices:
Corne victime d´orée et d´azur, d´acre:
Interpretés seront les extispices.

(III,26)

Übersetzung:
Von Königen und Prinzen werden sie Statuen errichten:
Vorzeichen, aufgestellte Kreuze, Haruspexe
Scharfes Horn des Opfers, vergoldet und blau:
Aus den Eingeweiden wird gelesen werden.

Auch dieser Vierzeiler scheint uns zunächst in die Geschichte zurückzuführen, denn die Praktiken, wie sie hier geschildert werden, waren bei den Römern die üblichen Vorgehensweisen, um die Zukunft zu lesen. Ein so genannter „Haruspex" las aus der Leber eines geschlachteten Opfertieres oder aus Blitzen, um die Zukunft vorauszusagen oder um für begangene Untaten zu sühnen. Die dritte Zeile weist auf ein Rind als Opfertier hin.

Auch der Statuenkult war bei den Römers sehr verbreitet, denn der Kaiser wurde jeweils als eine Gottheit verehrt, und ihm wurden Tempel errichtet. Es scheint, dass auch in der Zukunft heidnische Kulte wieder in Mode kommen und das Christentum verdrängen, so, wie es immer wieder im Laufe der Geschichte in wellenartigen Phasen der Fall war. Die heutige Esoterik-Bewegung kündigt eine solche Veränderung an. Nostradamus kündigt hier auch seine Nachfolger an. Wie schon im Brief an König Heinrich, so bereitet er hier den Boden für eine kommende Generation von Sehern, die nicht unbedingt aus den Reihen der Kirche kommen müssen.

Die Erneuerung des Lebens, der Sieg über den Tod

Le corps sans ame plus estre en sacrifie.
Jour de la mort mise en nativité,
L´esprit divin fera l´ ame felice,
Voiant le Verbe en son éternité.

(II,13)

Übersetzung:
Der seelenlose Körper nicht mehr geopfert.
Am Tage des Todes wieder neu geboren,
Der göttliche Geist wird die Seele glücklich machen,
Das Wort in seiner Ewigkeit sehen.

Dieser Vers scheint die Voraussage der glücklichen Endzeit zu sein, die uns nach dem christlichen Glauben erwartet, wenn das Erdenleben zuende ist. Wiedergeburt und Gottes Nähe künden von einem ewigen Leben in Frieden. Das „Wort" in der letzten Zeile steht dabei ebenfalls für Gott, denn die Bibel sagt: „Am Anfang war das Wort, und das Wort war bei Gott, und das Wort war Gott".

Ein tief religiöser Vierzeiler, der vor allen Dingen ein unsagbares Vertrauen in Gott, in das Positive, voraussetzt, trotz all der schrecklichen Dinge, die Nostradamus vor seinem geistigen Auge gesehen hat. Möge uns daher dieser letzte Vierzeiler als Abschluss dienen, eine positive Endzeitvision als Gegensatz zu den vielen Horrorszenarien, die das Ende der Welt sonst zu beschreiben pflegen.

Bibliografie

Allgeier, Kurt: „Die großen Prophezeiungen des Nostradamus in moderner Deutung“, München 1982

Brind´Amour, Pierre, Les premières Centuries, Genf 1996

Cheetham Erika, „The Prophecies of Nostradamus, Corgi 1973

Dimde, Manfred, Welt am Wendepunkt, Niedernhausen 1997

de Fontbrune, Jean Charles, „Nostradamus, Historiker und Prophet, Wien/Hamburg 1980

de Fontbrune, Max, „Was Nostradamus wirklich sagte“, Wien 1981

Lemesurier, Peter, Nostradamus, Prophezeiungen bis 2050, Düsseldorf 1996

Putzien, Rudolf, Nostradamus, Weissagungen über den Atomkrieg, München 1968